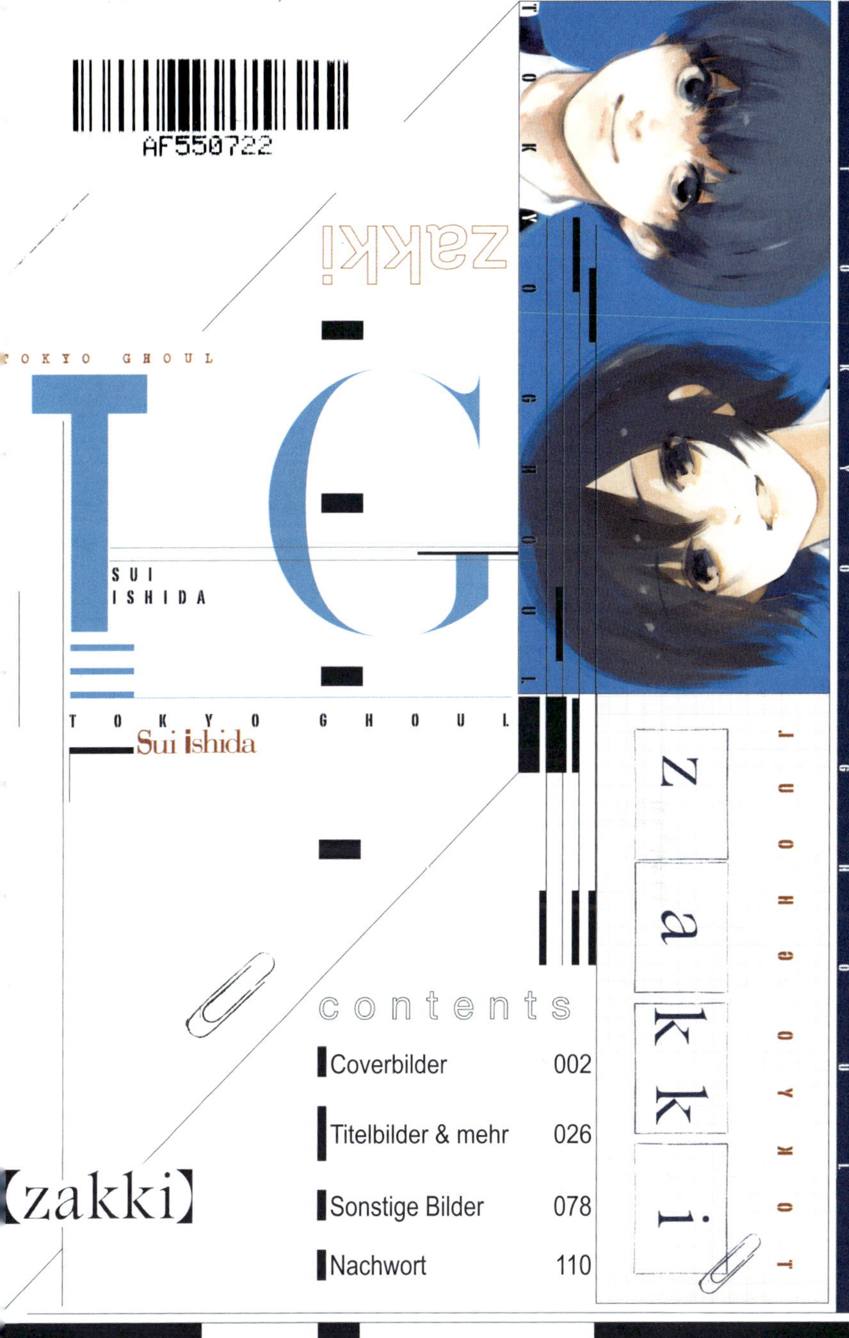

[zakki]

TOKYO GHOUL

Sui Ishida

contents

Das erste Coverbild von „Tokyo Ghoul". In seiner Hand hat Ken den Roman „Das Ei der schwarzen Ziege" von Sen Takatsuki.

Ausser Blau als Hauptfarbe zu benutzen, hatte ich keinen konkreten Plan. Ich sehe irgendwie aus dem Bild, dass ich sehr vorsichtig gemalt habe.

Was er da anhat, soll eigentlich wie die Uniform vom Café Antik aussehen ...

Für die Bearbeitung habe ich „PaintTool SAI" verwendet.

III

Band 1, Coverbild, 2012

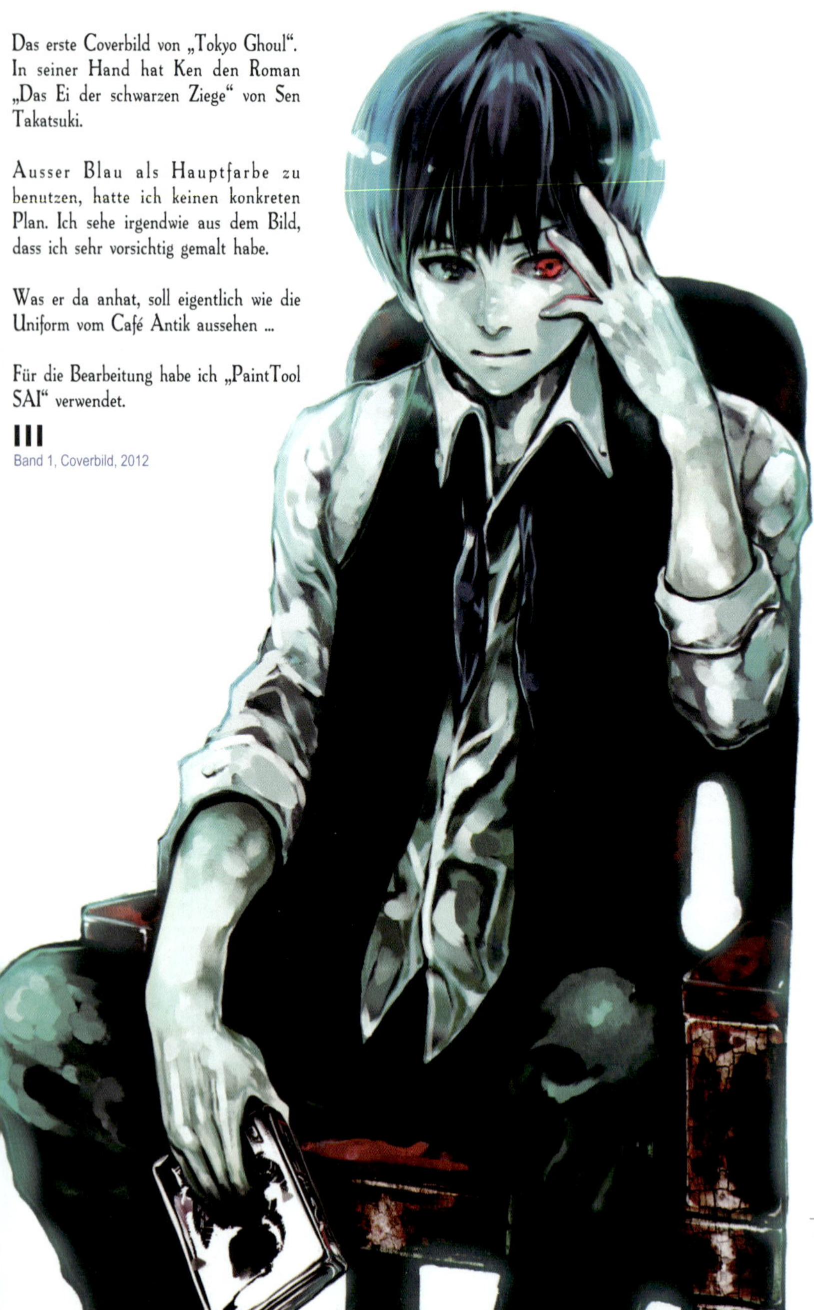

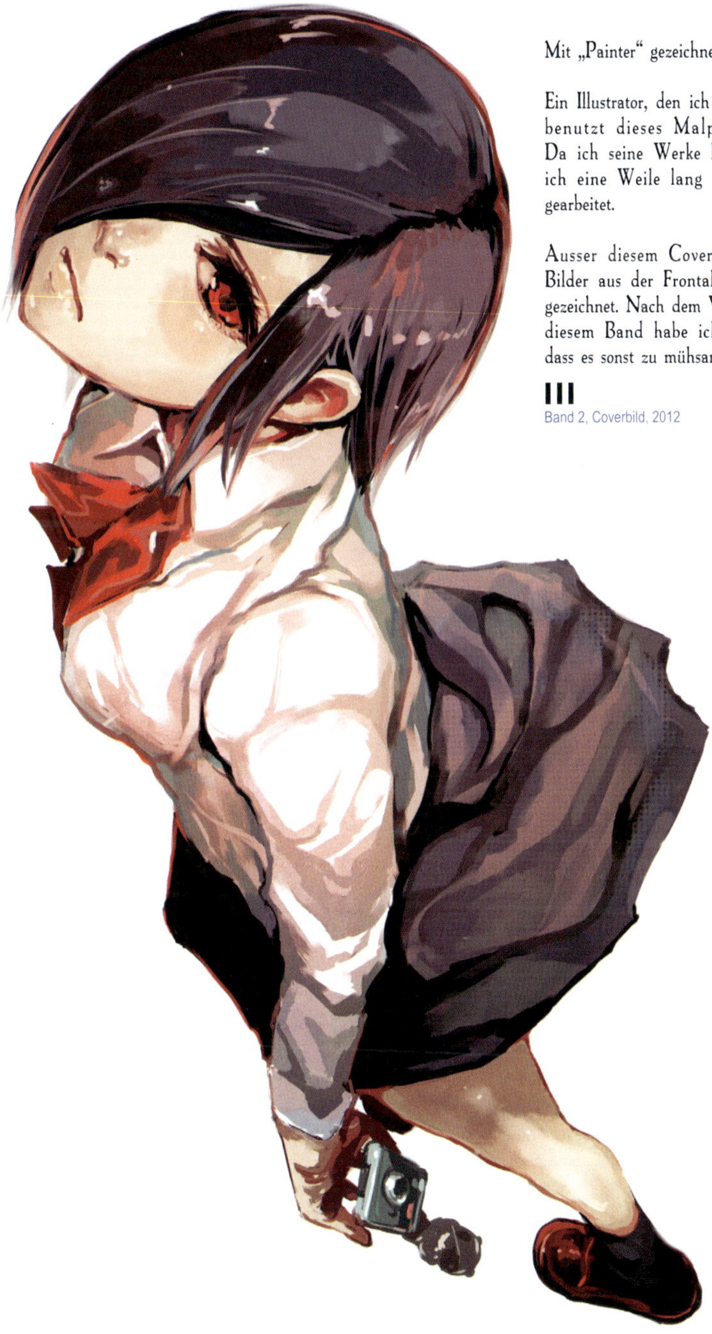

Mit „Painter“ gezeichnet.

Ein Illustrator, den ich gut kenne, benutzt dieses Malprogramm. Da ich seine Werke liebe, habe ich eine Weile lang nur damit gearbeitet.

Ausser diesem Cover sind alle Bilder aus der Frontalperspektive gezeichnet. Nach dem Versuch bei diesem Band habe ich gemerkt, dass es sonst zu mühsam ist.

Band 2, Coverbild, 2012

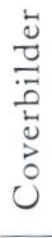

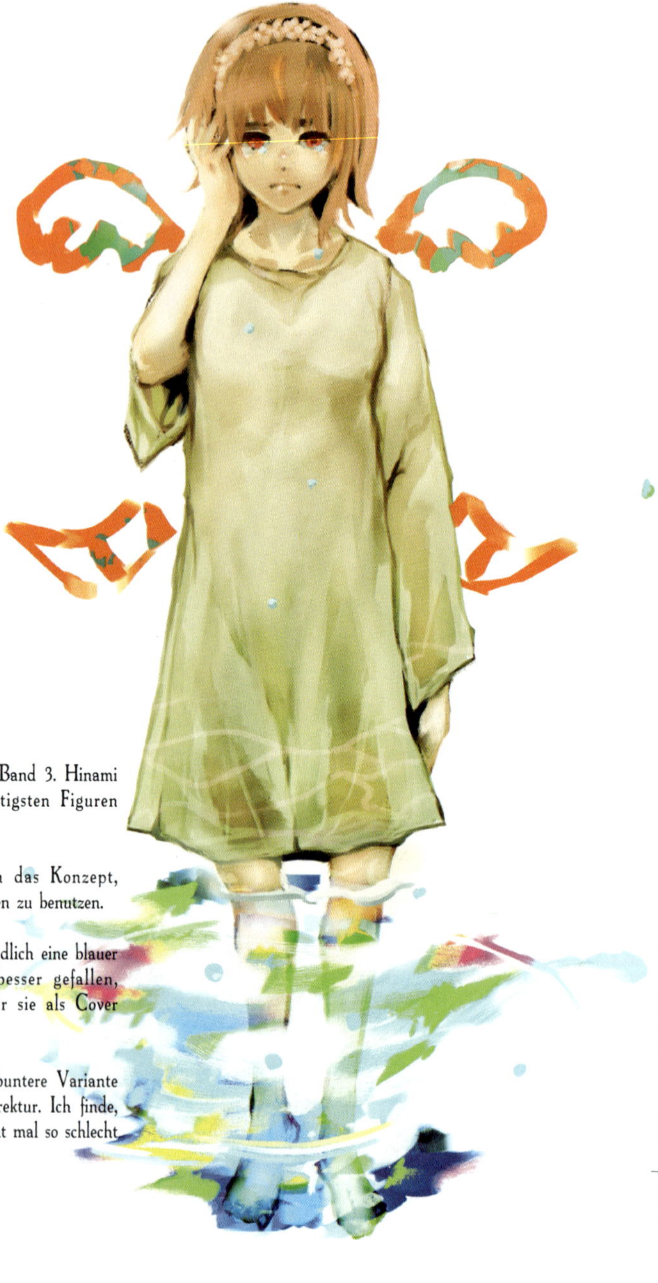

Das Coverbild von Band 3. Hinami war eine der wichtigsten Figuren dieses Bandes.

Anfangs hatte ich das Konzept, möglichst viele Farben zu benutzen.

Mir hat aber letztendlich eine blauer gemalte Version besser gefallen, sodass ich mich für sie als Cover entschieden habe.

Dies hier ist eine buntere Variante ohne blaue Farbkorrektur. Ich finde, die ist auch gar nicht mal so schlecht geworden.

III
Band 3, Coverbild, 2012

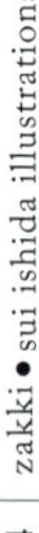

Ich wollte Shu malen, der in einem extravaganten Anzug auf einem teuren Sessel sitzt.

Als er zum ersten Mal auftauchte, sagte mein Redakteur, dass er bestimmt beliebt werden wird.

„Shu Tsukiyama“ war ursprünglich die Hauptfigur eines alten Mangas vor meinem Debüt.

Mit einem Mädchen namens Chie Hori – heute taucht sie in der Light Novel von „Tokyo Ghoul“ auf – erlebte er viele Dinge.

Diesen ursprünglichen Manga werde ich anderen Leuten aber niemals zeigen.

Mit Shu habe ich bereits richtig lange zu tun – sogar länger als mit Ken.

III
Band 4, Coverbild, 2012

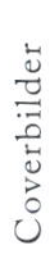

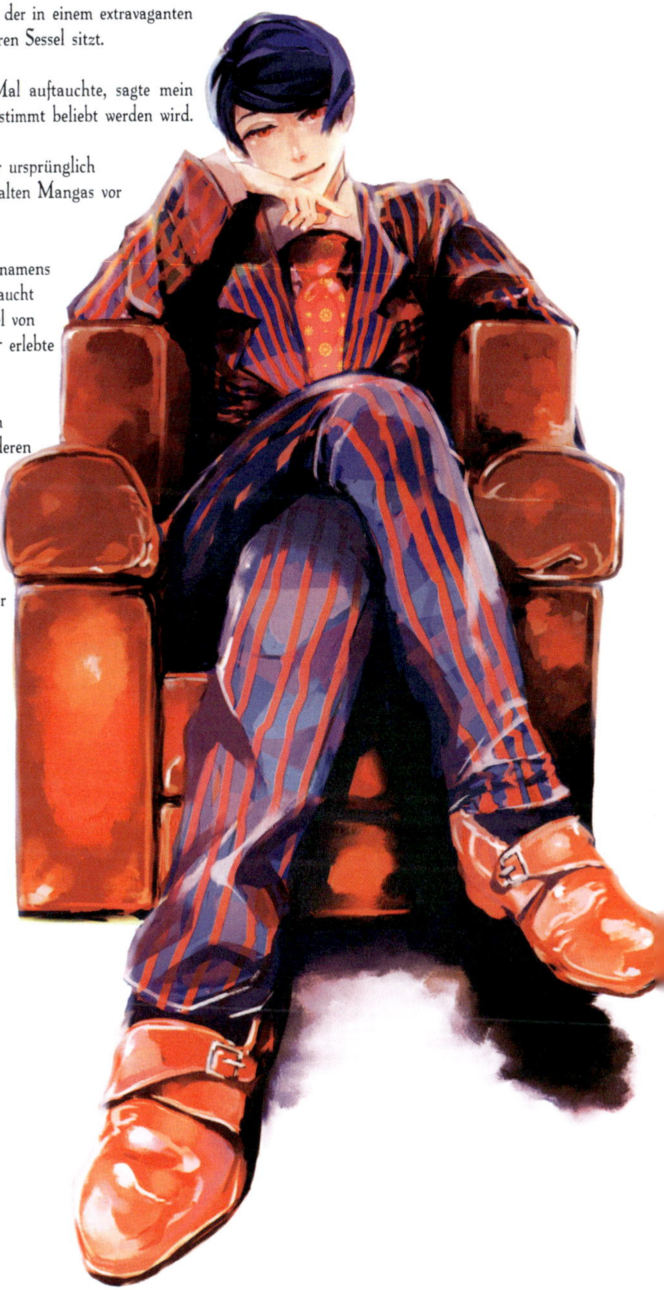

Das Coverbild von Band 5. Liz habe ich gemalt, weil sie im Sonderkapitel als Hauptfigur auftritt.

Meine Schwester mag dieses Cover. Mir gefällt das auch, weil die beiden Figuren die ganze Geschichte symbolisieren.

Das Sonderkapitel [Liz] wurde parallel zu meiner Serie in der „Miracle Jump" veröffentlicht, wobei mein Redakteur den Job angenommen hat, ohne mich zu fragen! Da ich damals nur mit einem Assistenten gearbeitet habe und schon mit der normalen Serie Probleme hatte, war ich sauer deswegen.

Aber ich konnte dadurch wenigstens lernen, wie man unter Zeitdruck arbeitet.

III
Band 5, Coverbild, 2012

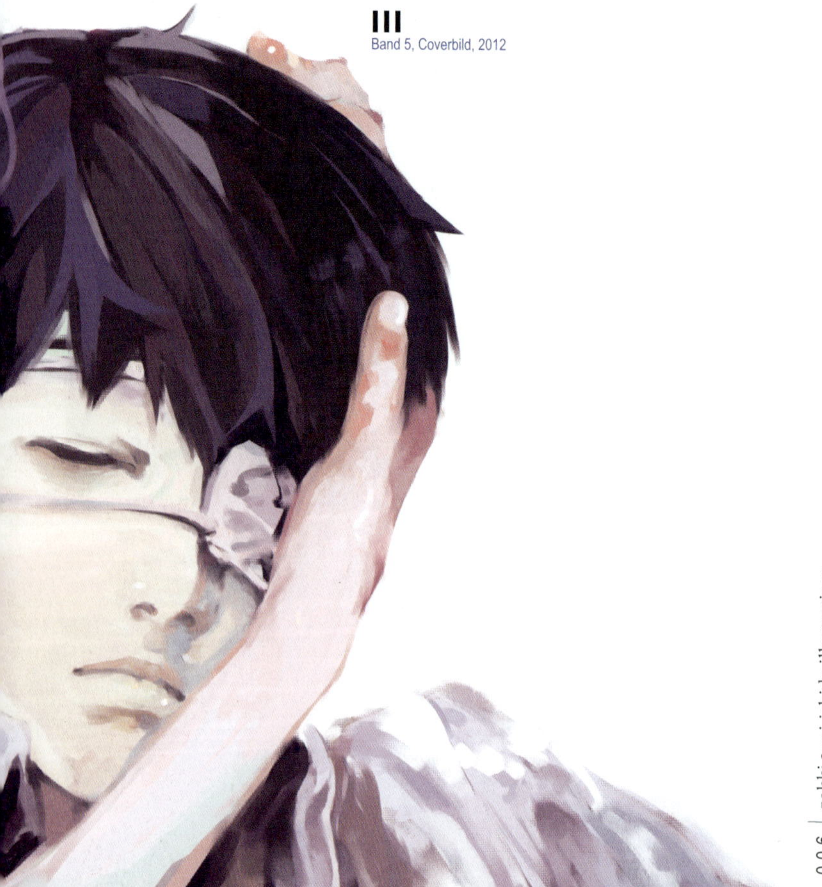

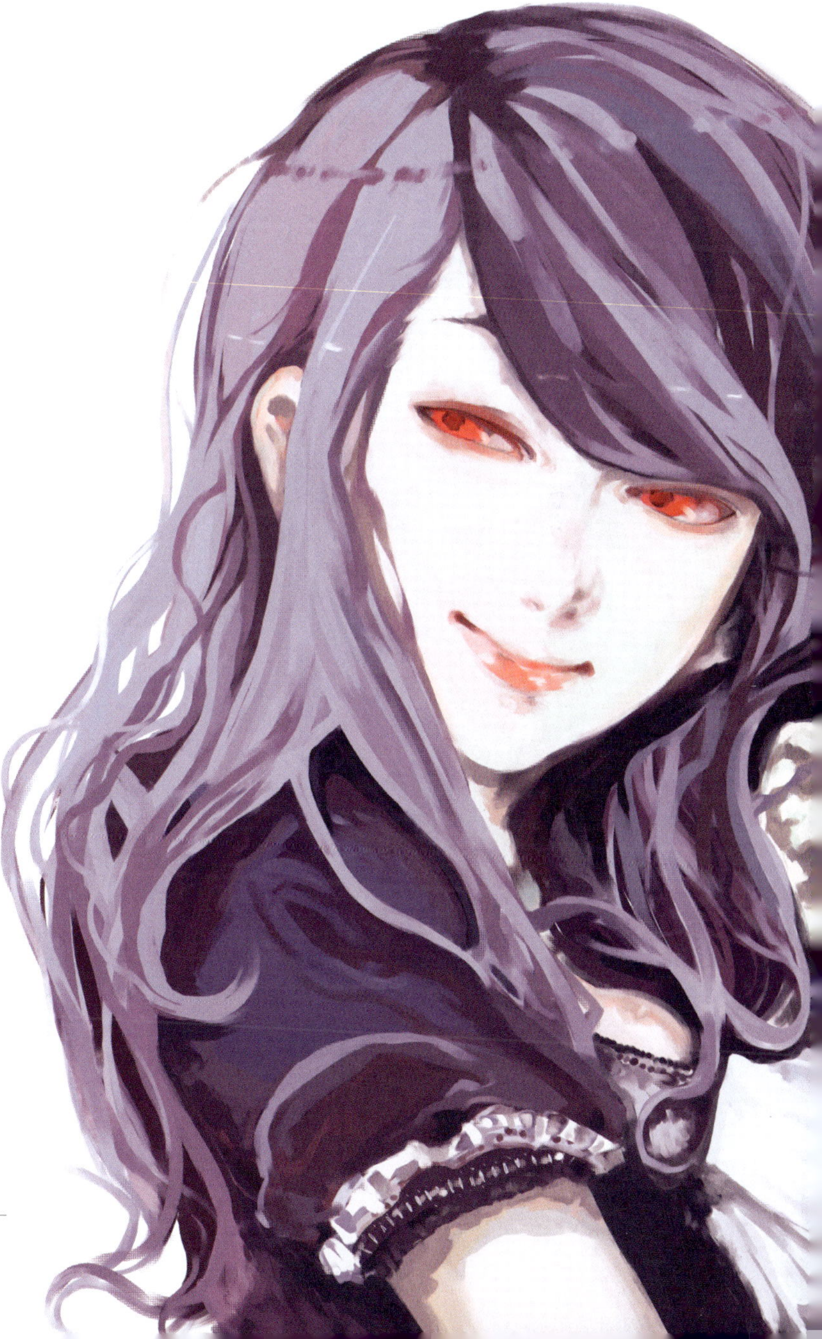

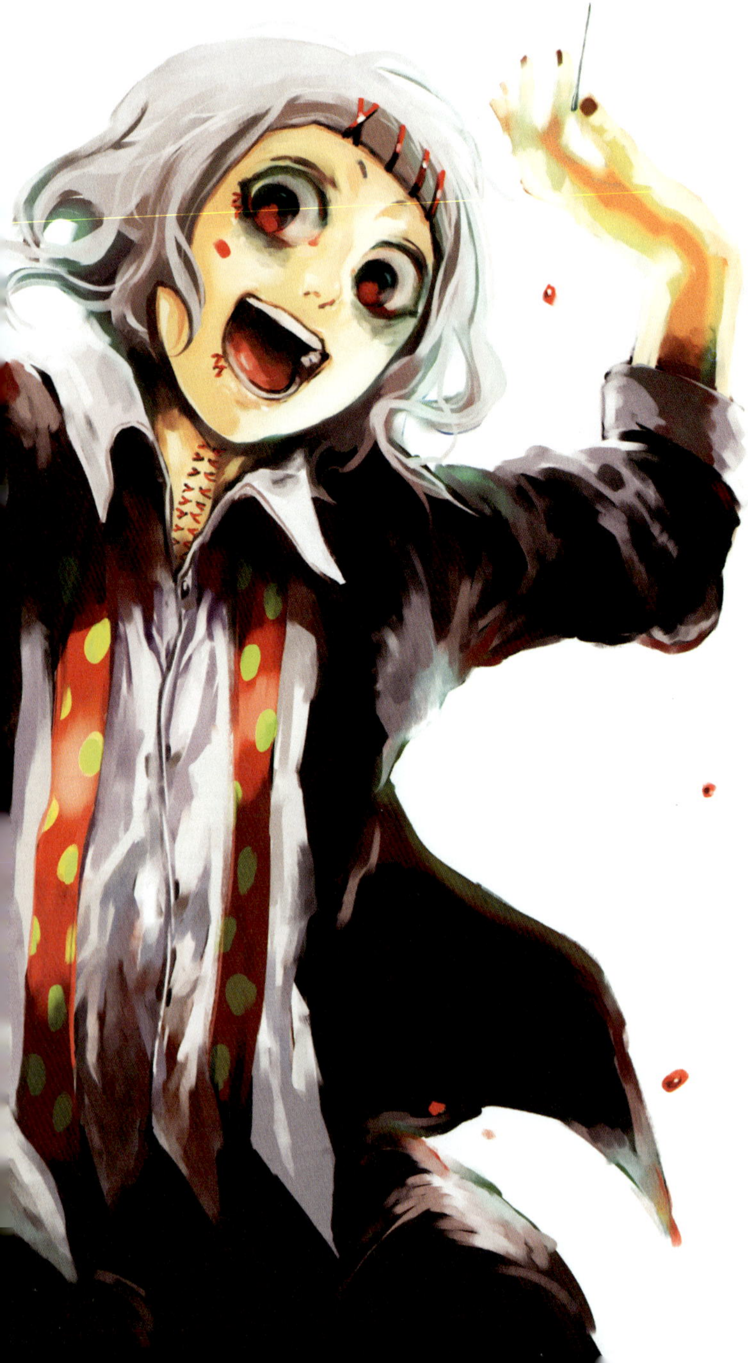

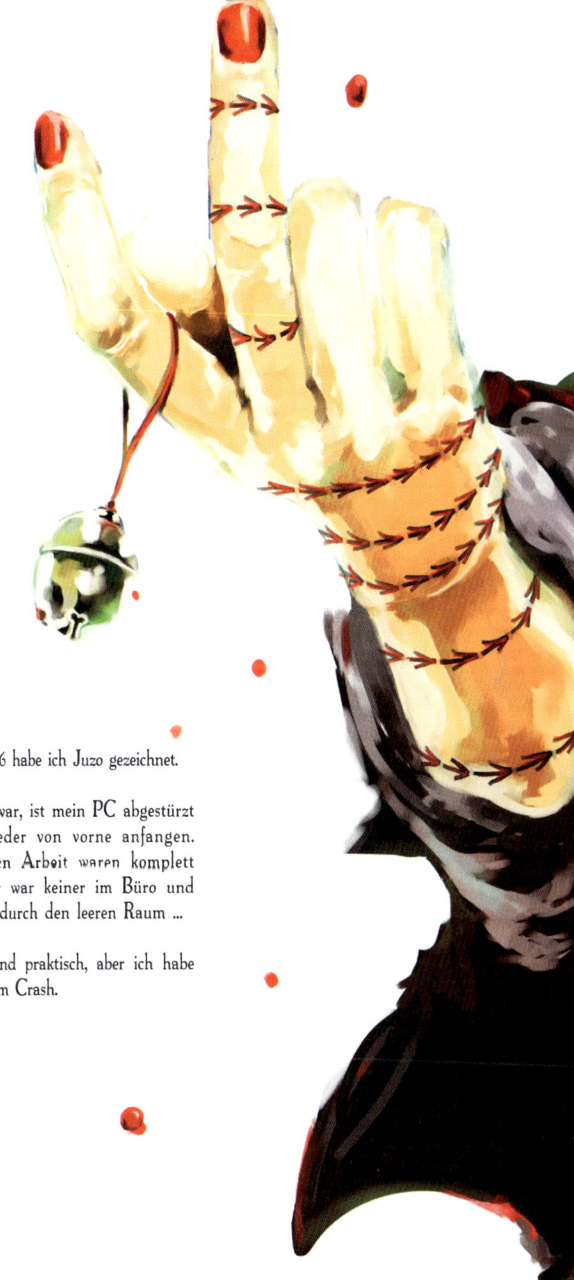

Fürs Cover von Band 6 habe ich Juzo gezeichnet.

Kurz bevor es fertig war, ist mein PC abgestürzt und ich musste wieder von vorne anfangen. Meine sechs Stunden Arbeit waren komplett umsonst! Ausser mir war keiner im Büro und mein Geschrei hallte durch den leeren Raum ...

Digitale Hilfsmittel sind praktisch, aber ich habe immer Angst vor einem Crash.

III
Band 6, Coverbild, 2013

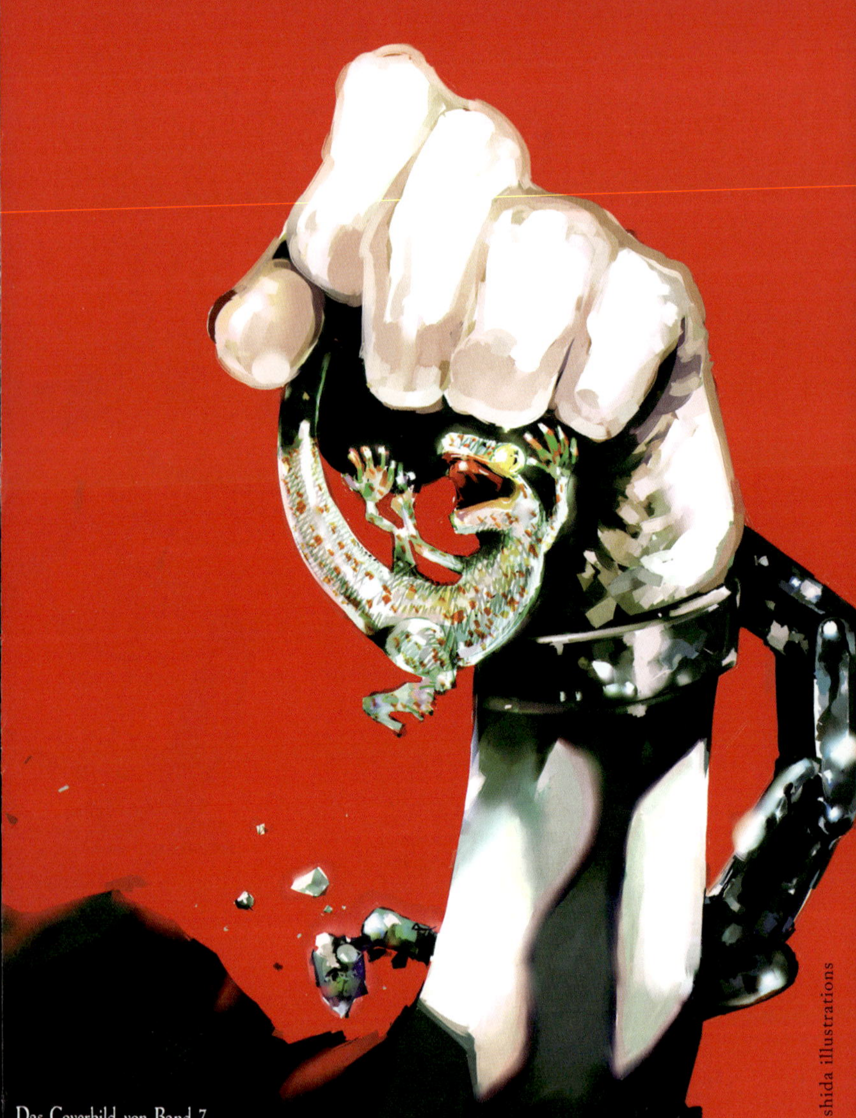

Das Coverbild von Band 7.

Hier habe ich zum ersten Mal Ken mit weissen Haaren als Farbbild gemalt. Am Anfang hatte er einen Tausendfüssler in seiner Hand, ich habe es aber geändert, weil es zu gruselig war. Das Bild wurde auch mehrmals für Werbung benutzt.

III
Band 7, Coverbild, 2013

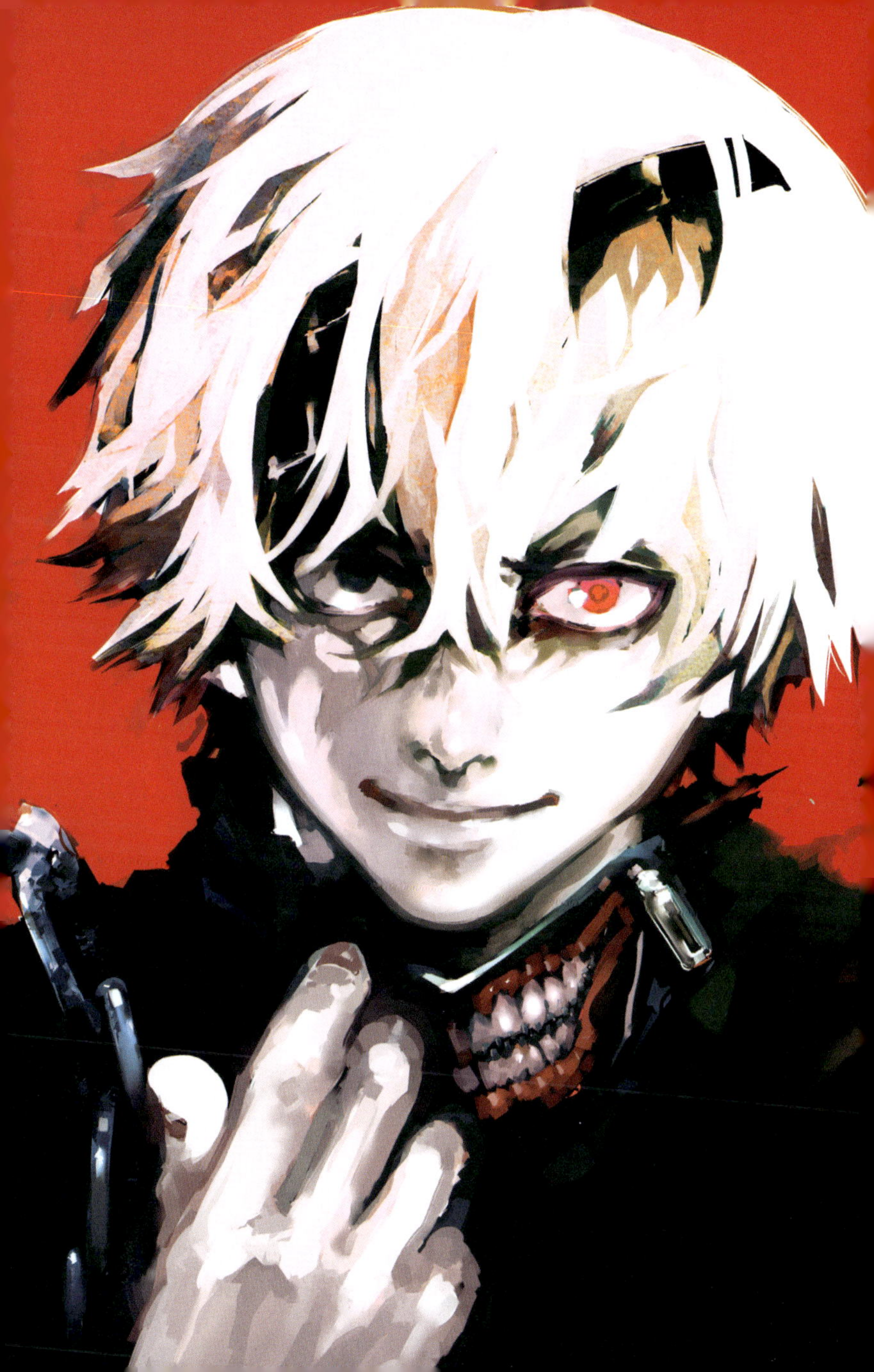

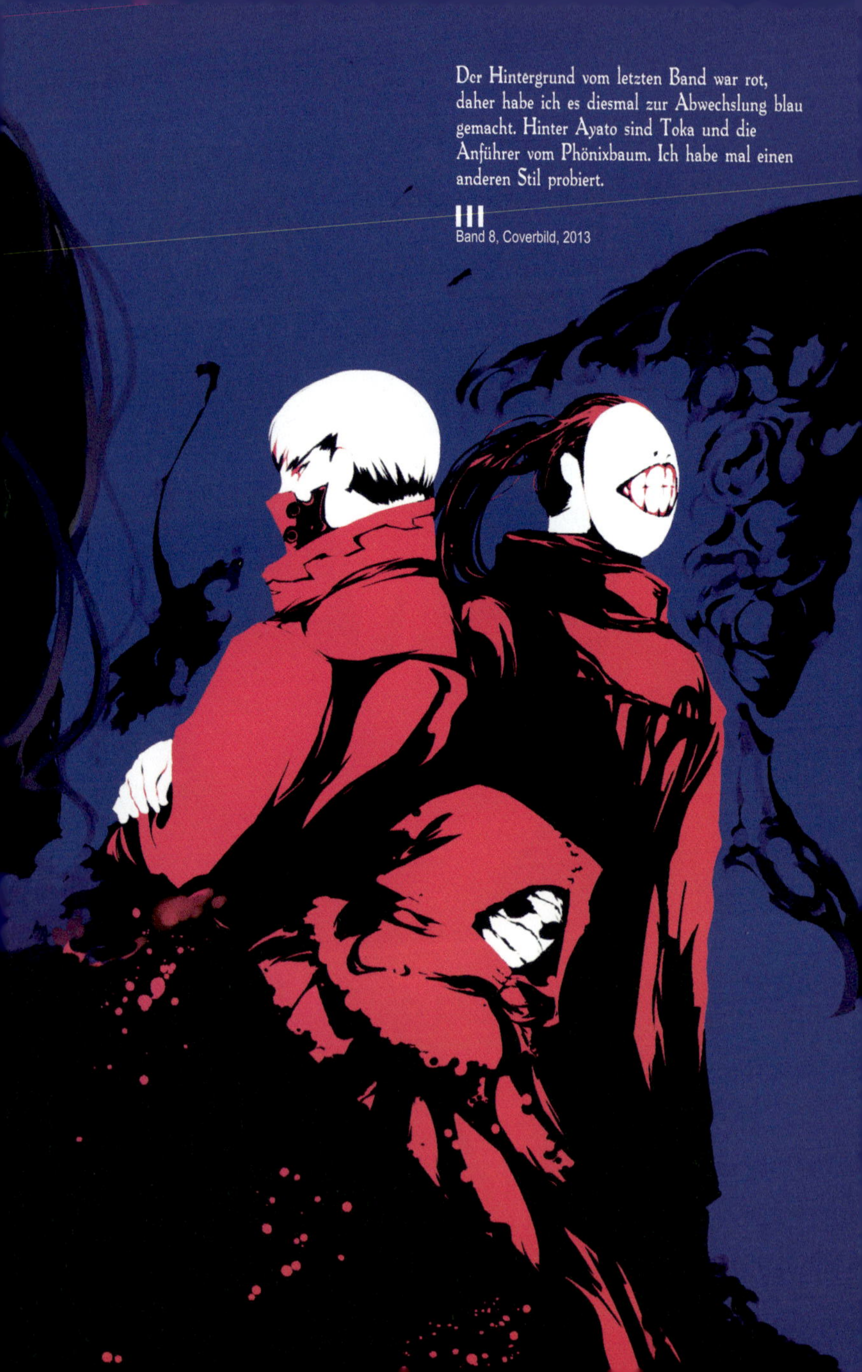

Der Hintergrund vom letzten Band war rot, daher habe ich es diesmal zur Abwechslung blau gemacht. Hinter Ayato sind Toka und die Anführer vom Phönixbaum. Ich habe mal einen anderen Stil probiert.

Band 8, Coverbild, 2013

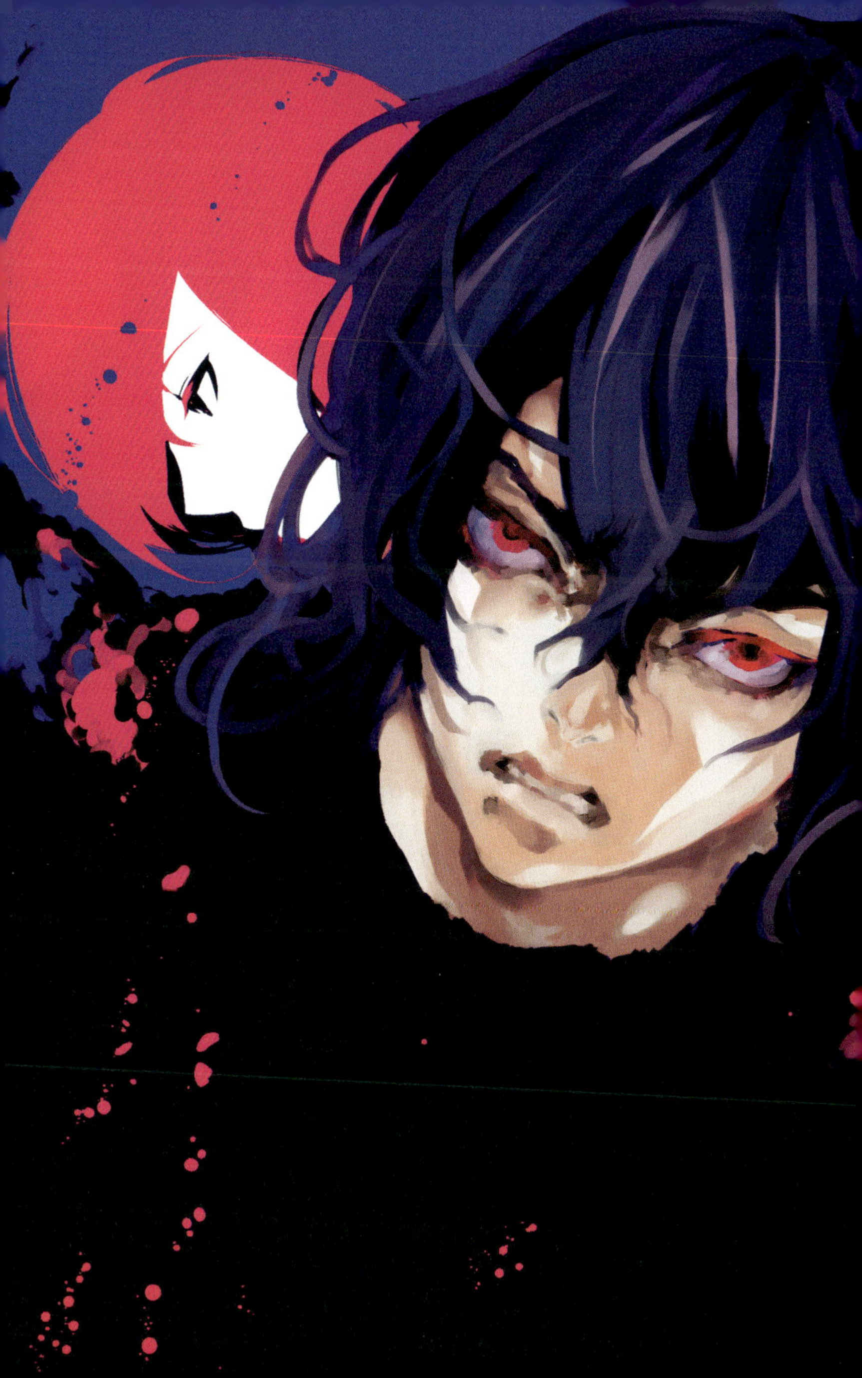

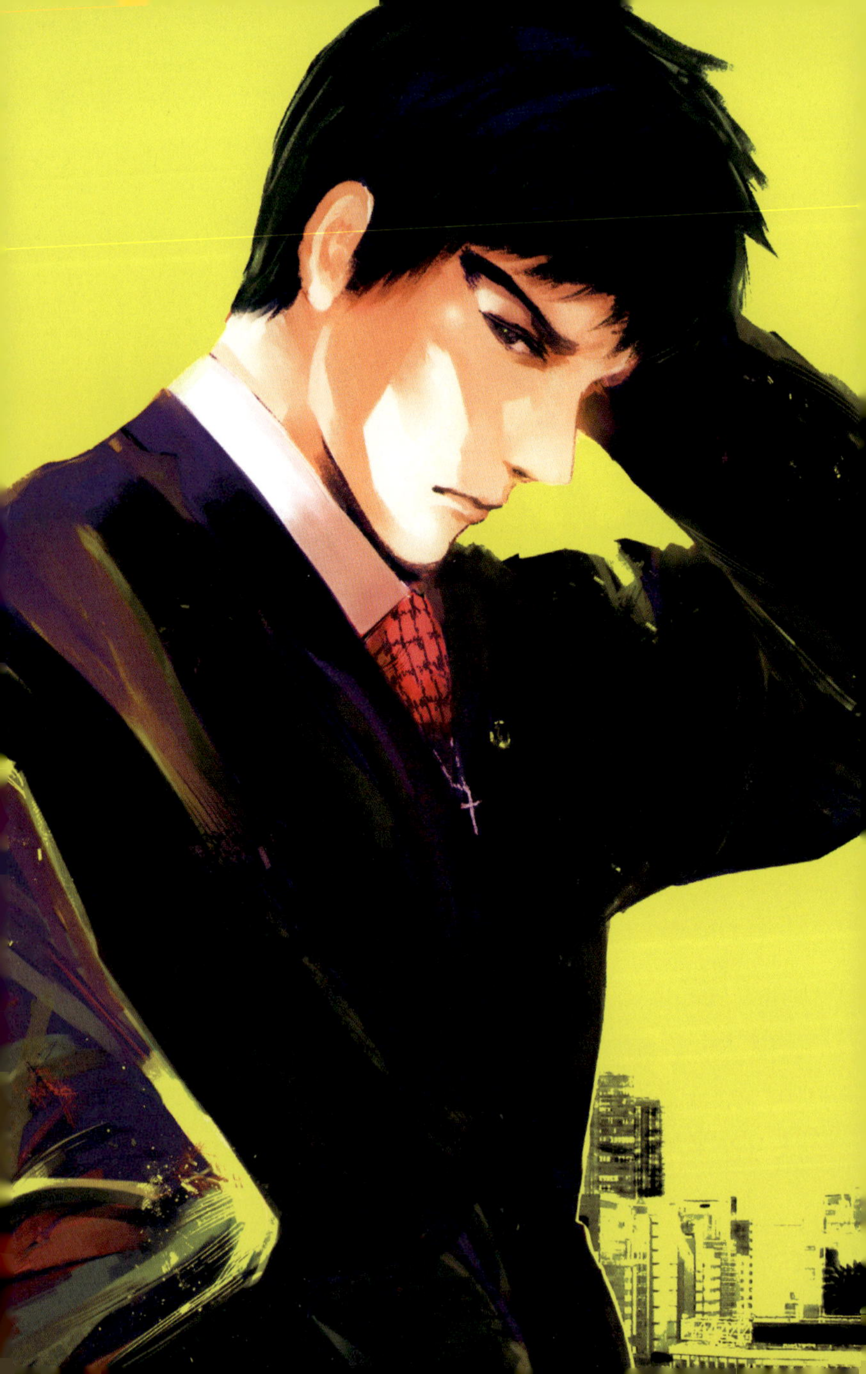

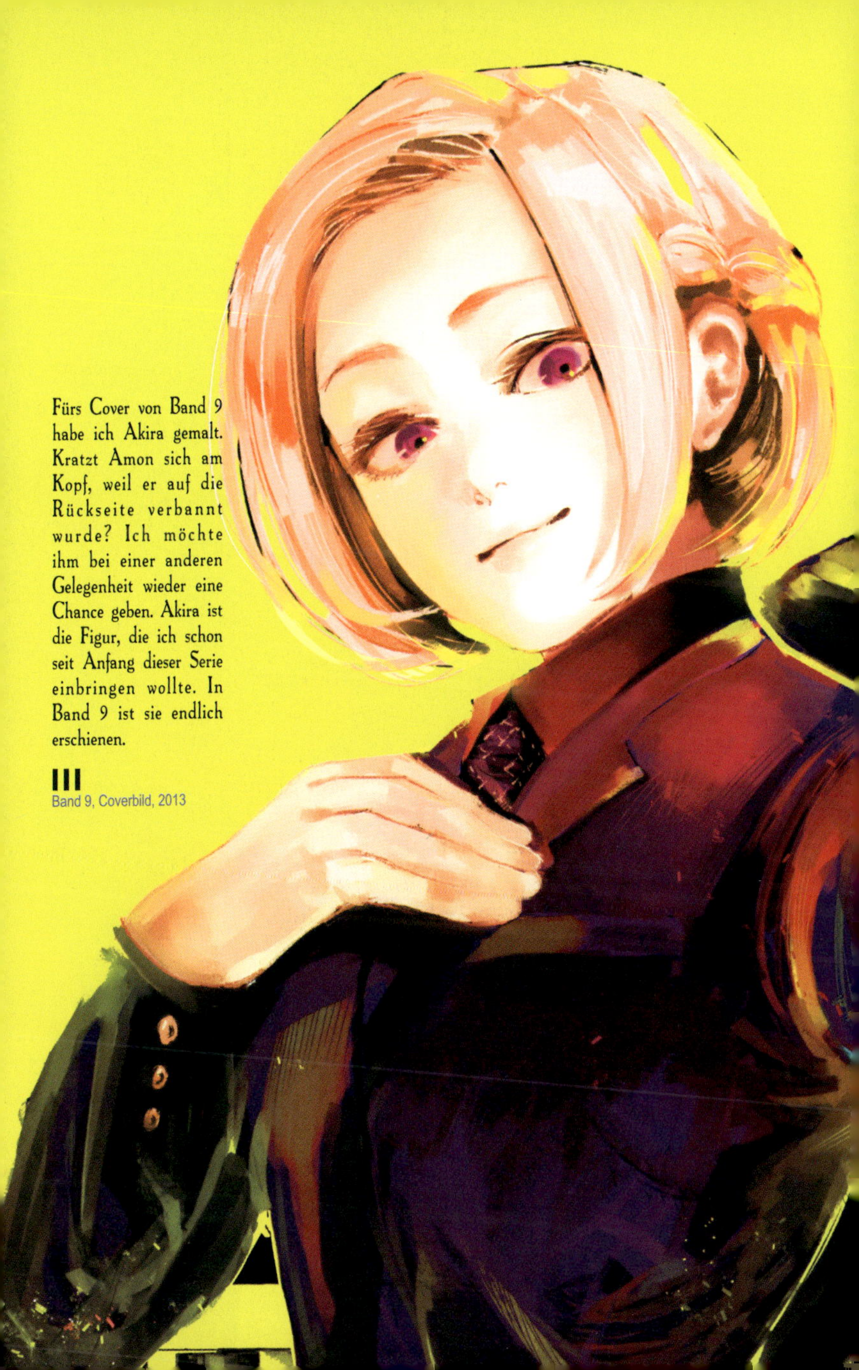

Fürs Cover von Band 9 habe ich Akira gemalt. Kratzt Amon sich am Kopf, weil er auf die Rückseite verbannt wurde? Ich möchte ihm bei einer anderen Gelegenheit wieder eine Chance geben. Akira ist die Figur, die ich schon seit Anfang dieser Serie einbringen wollte. In Band 9 ist sie endlich erschienen.

III
Band 9, Coverbild, 2013

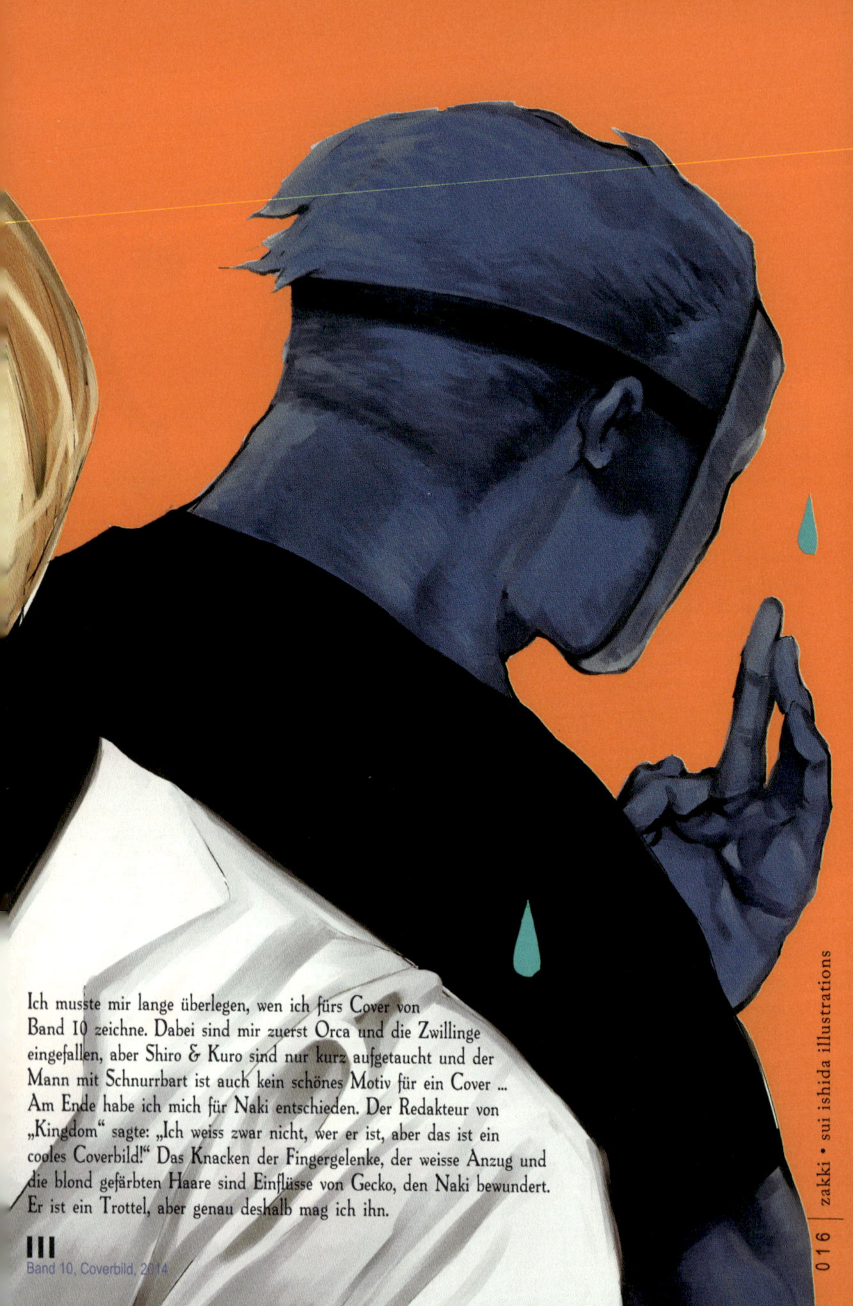

Ich musste mir lange überlegen, wen ich fürs Cover von Band 10 zeichne. Dabei sind mir zuerst Orca und die Zwillinge eingefallen, aber Shiro & Kuro sind nur kurz aufgetaucht und der Mann mit Schnurrbart ist auch kein schönes Motiv für ein Cover ... Am Ende habe ich mich für Naki entschieden. Der Redakteur von „Kingdom“ sagte: „Ich weiss zwar nicht, wer er ist, aber das ist ein cooles Coverbild!“ Das Knacken der Fingergelenke, der weisse Anzug und die blond gefärbten Haare sind Einflüsse von Gecko, den Naki bewundert. Er ist ein Trottel, aber genau deshalb mag ich ihn.

III

Band 10, Coverbild, 2014

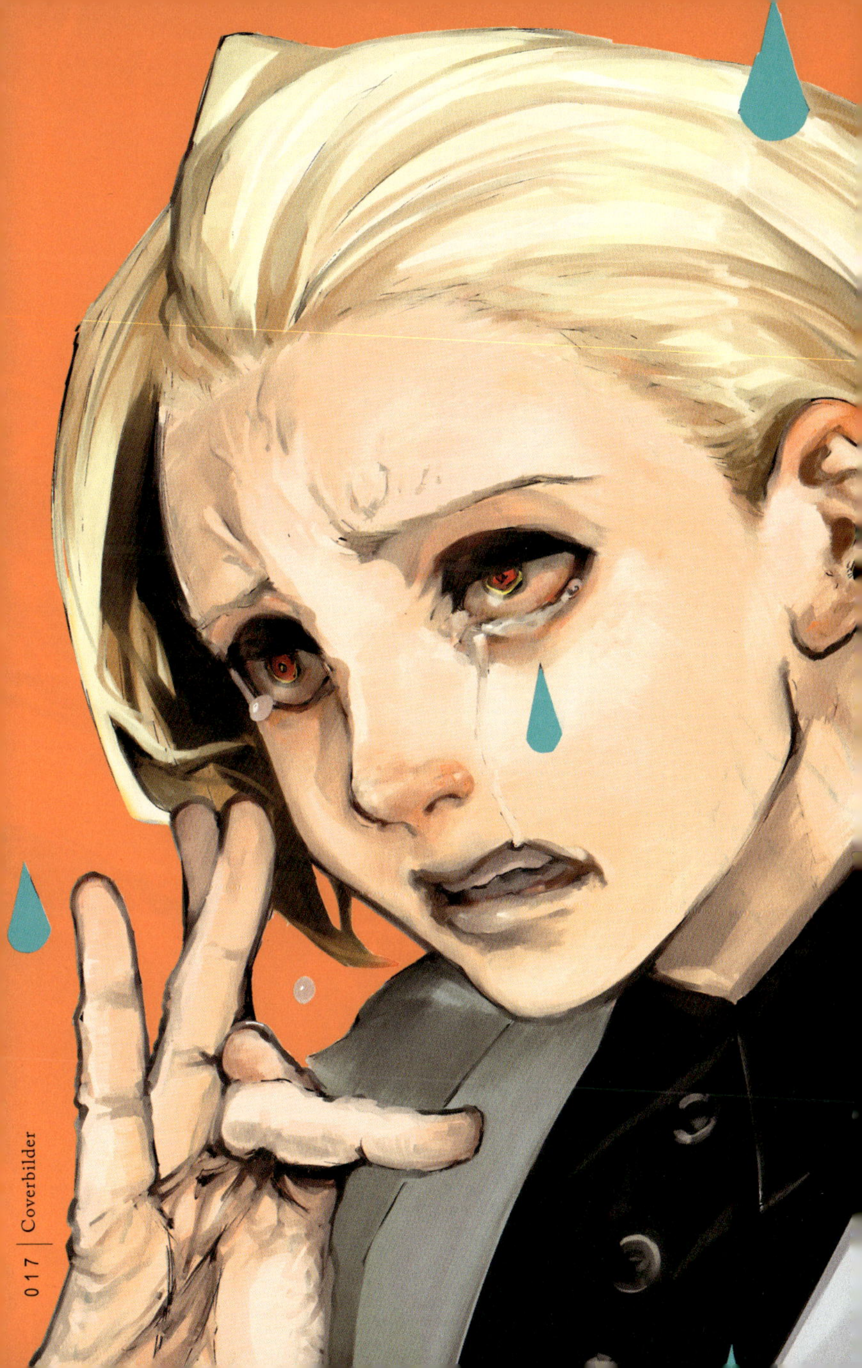

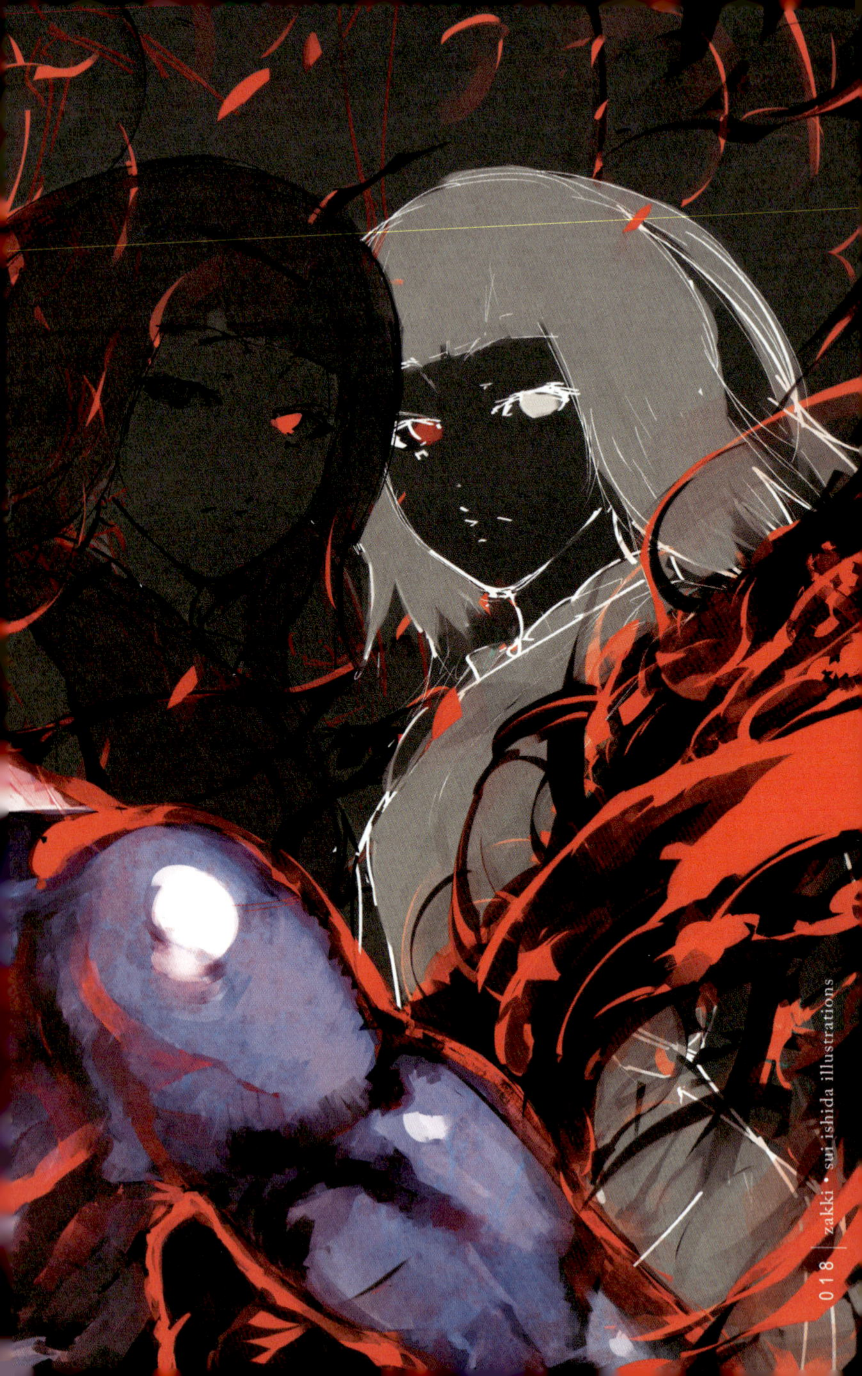

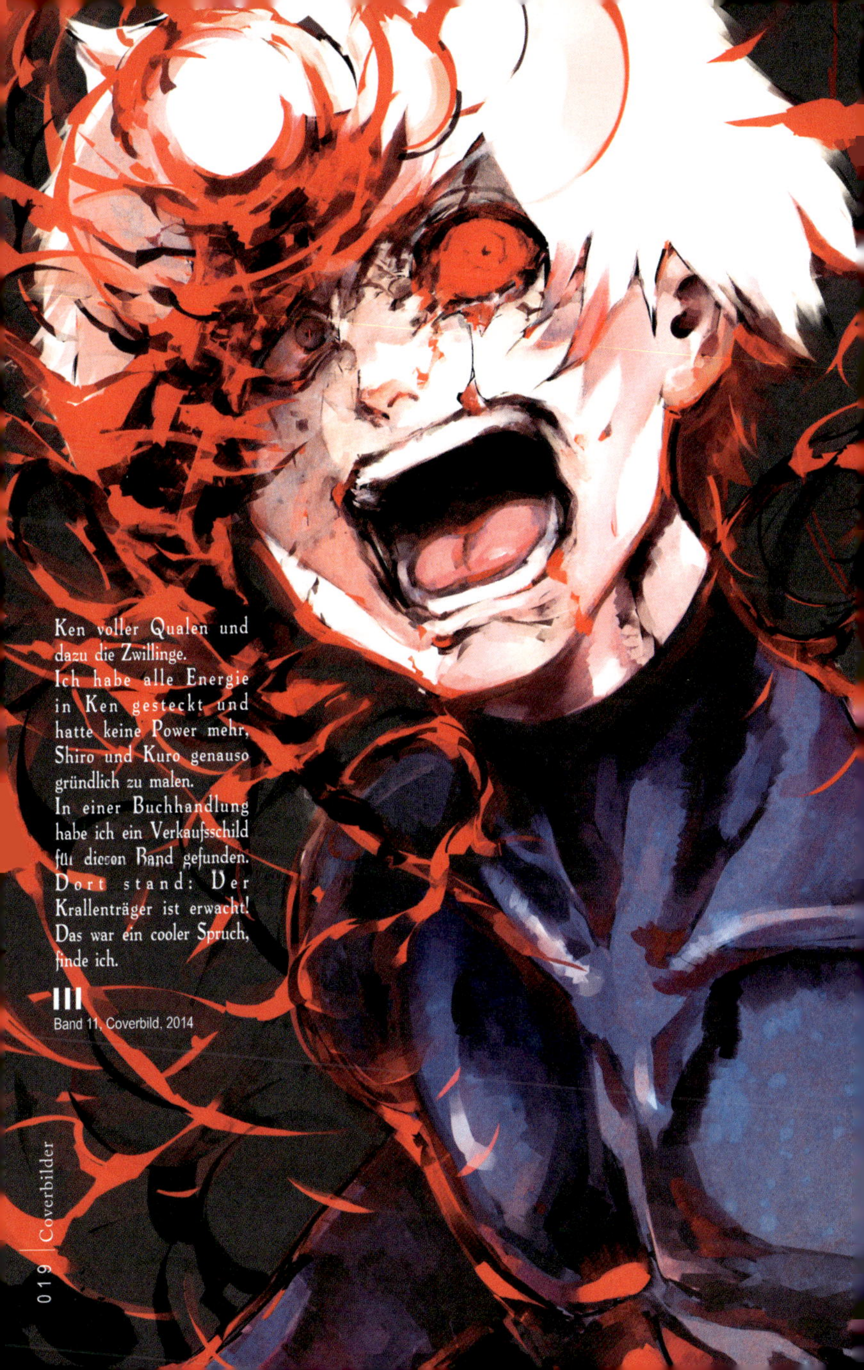

Ken voller Qualen und dazu die Zwillinge.
Ich habe alle Energie in Ken gesteckt und hatte keine Power mehr, Shiro und Kuro genauso gründlich zu malen.
In einer Buchhandlung habe ich ein Verkaufsschild für diesen Band gefunden. Dort stand: Der Krallenträger ist erwacht! Das war ein cooler Spruch, finde ich.

III
Band 11, Coverbild, 2014

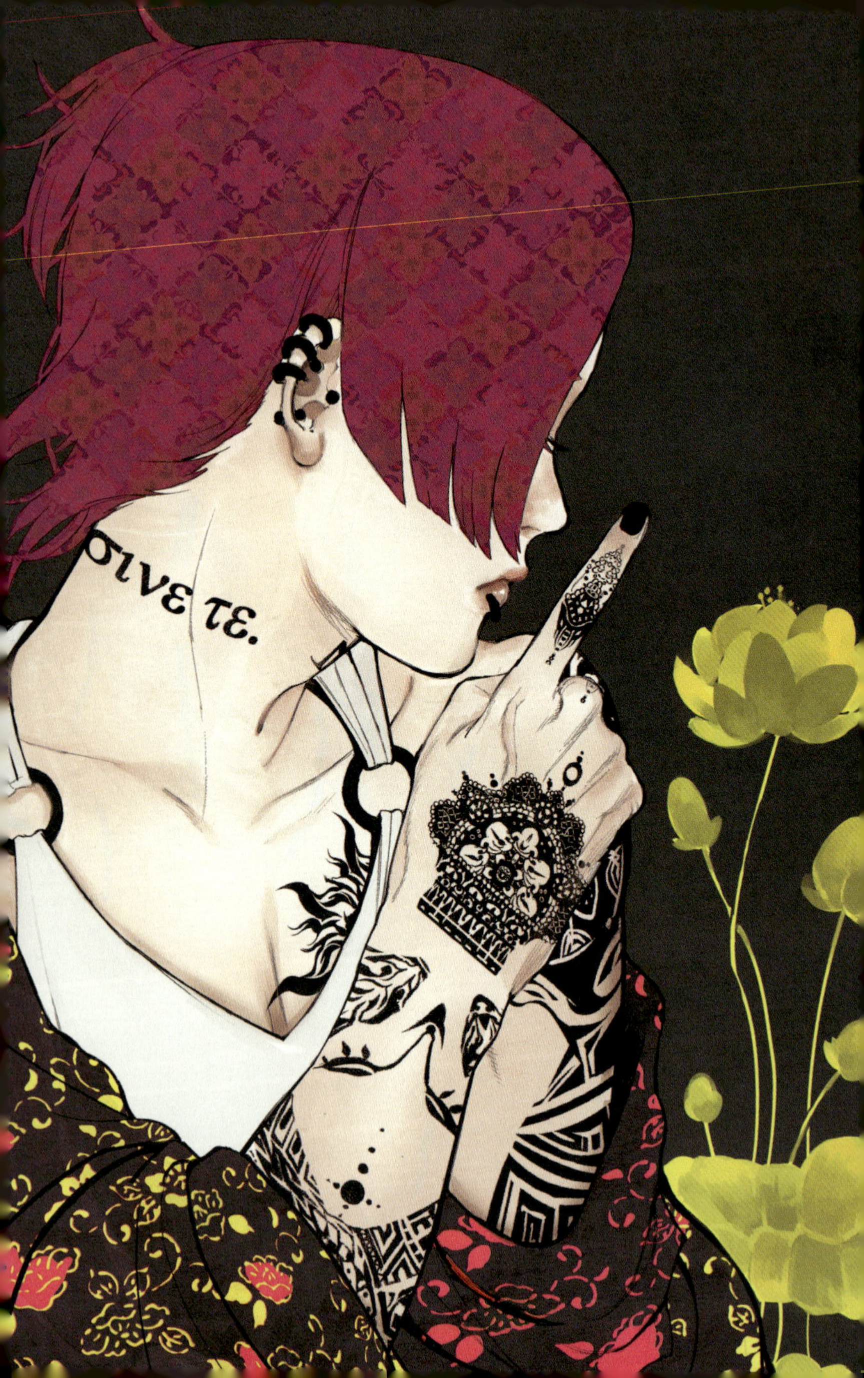
σινε τε.

Das Cover von Band 12 ist Uta. Ungewöhnlich für solche Bilder habe ich ihn von der Seite gezeichnet. Ich habe wenig Farbebenen benutzt, da ich mal was anderes probieren wollte. Daneben malte ich Lotosblüten.

Auf der Rückseite habe ich Yomo gezeichnet. Ich habe mir zuerst überlegt, ihn vorne abzubilden, das möchte ich mir aber lieber für einen besonderen Moment aufheben.

Jetzt schmollt er auf der Rückseite.

III
Band 12, Coverbild, 2014

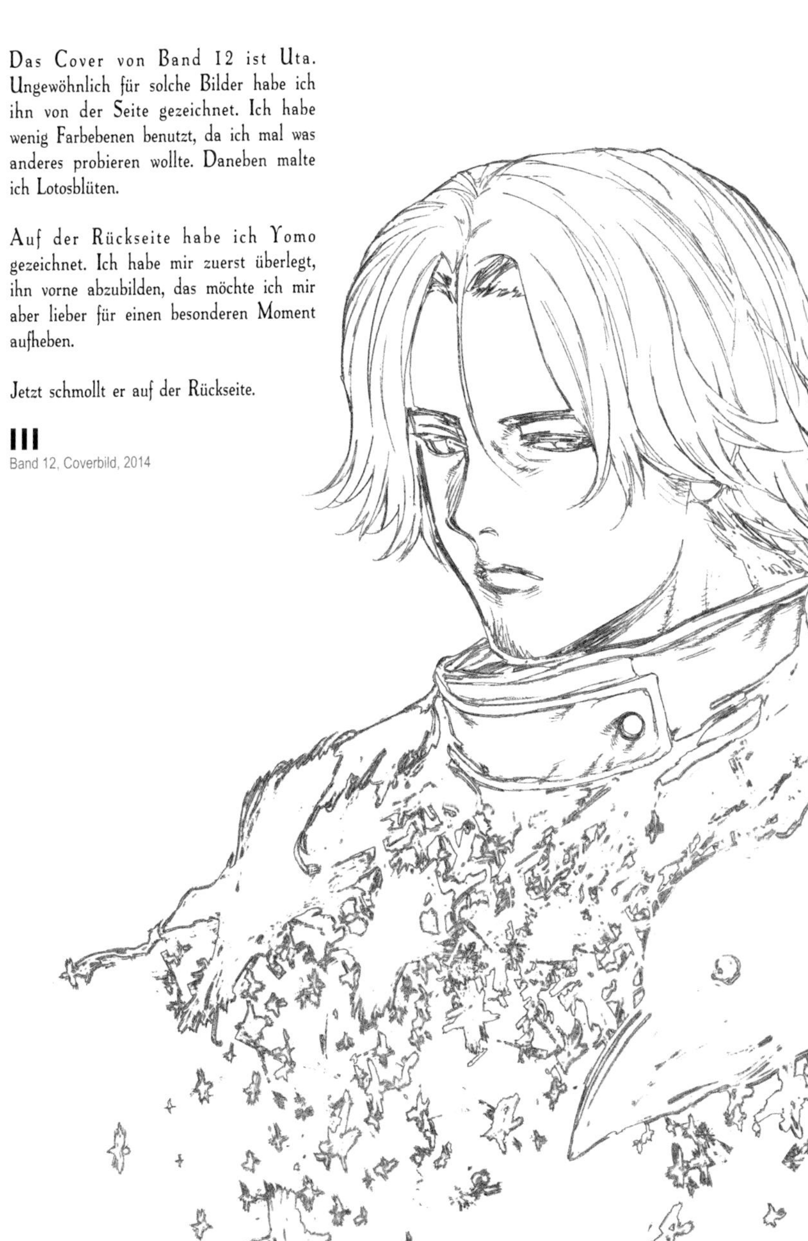

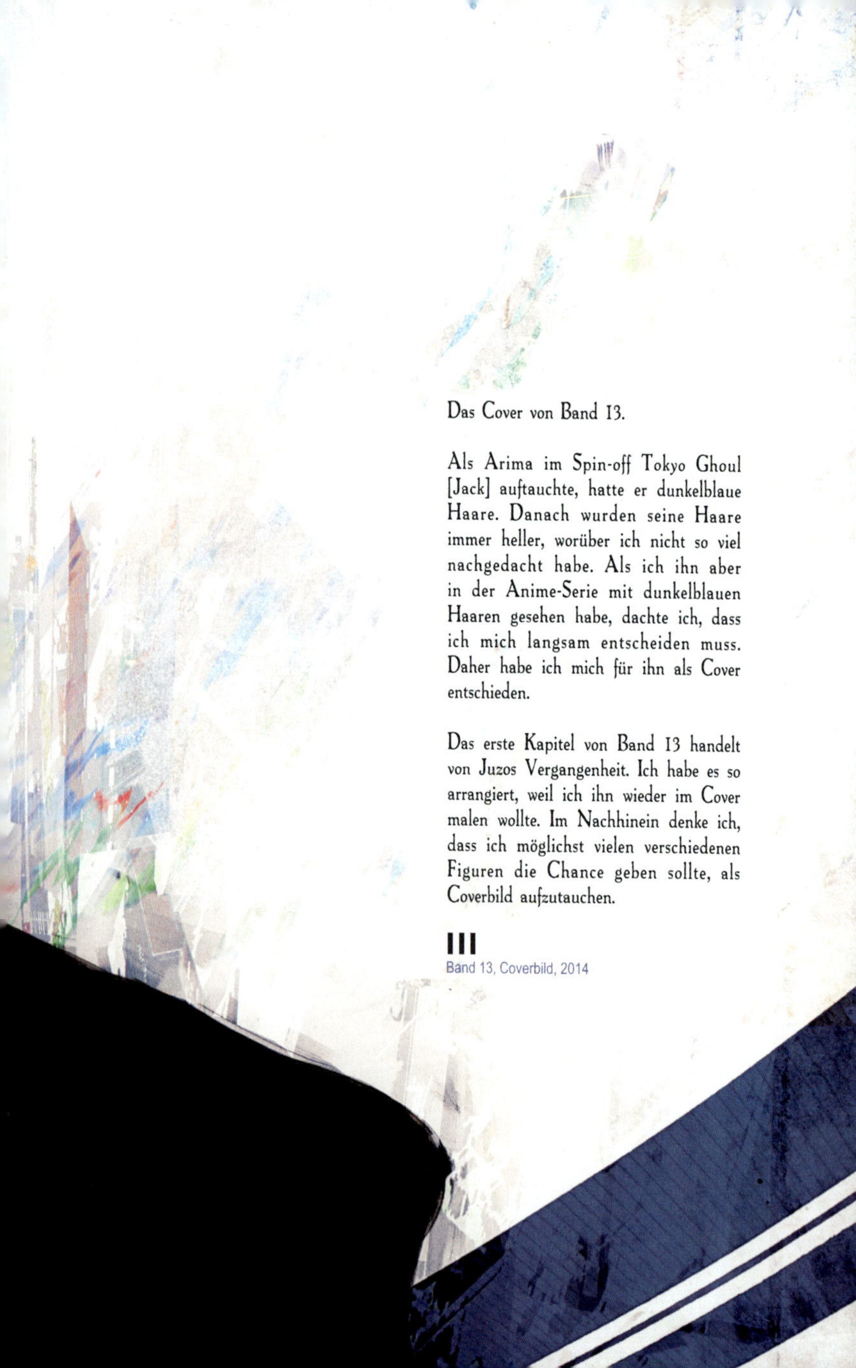

Das Cover von Band 13.

Als Arima im Spin-off Tokyo Ghoul [Jack] auftauchte, hatte er dunkelblaue Haare. Danach wurden seine Haare immer heller, worüber ich nicht so viel nachgedacht habe. Als ich ihn aber in der Anime-Serie mit dunkelblauen Haaren gesehen habe, dachte ich, dass ich mich langsam entscheiden muss. Daher habe ich mich für ihn als Cover entschieden.

Das erste Kapitel von Band 13 handelt von Juzos Vergangenheit. Ich habe es so arrangiert, weil ich ihn wieder im Cover malen wollte. Im Nachhinein denke ich, dass ich möglichst vielen verschiedenen Figuren die Chance geben sollte, als Coverbild aufzutauchen.

III

Band 13, Coverbild, 2014

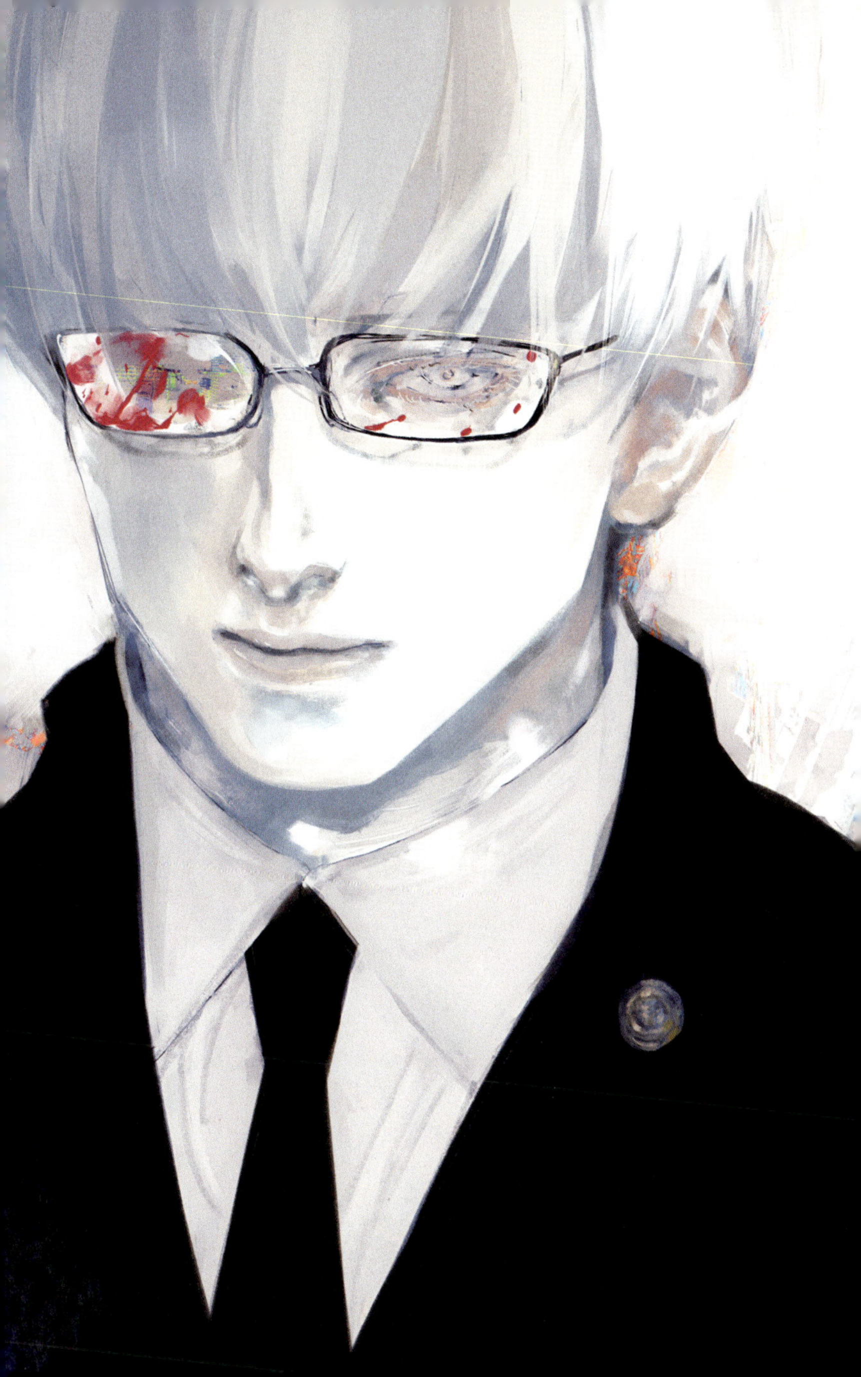

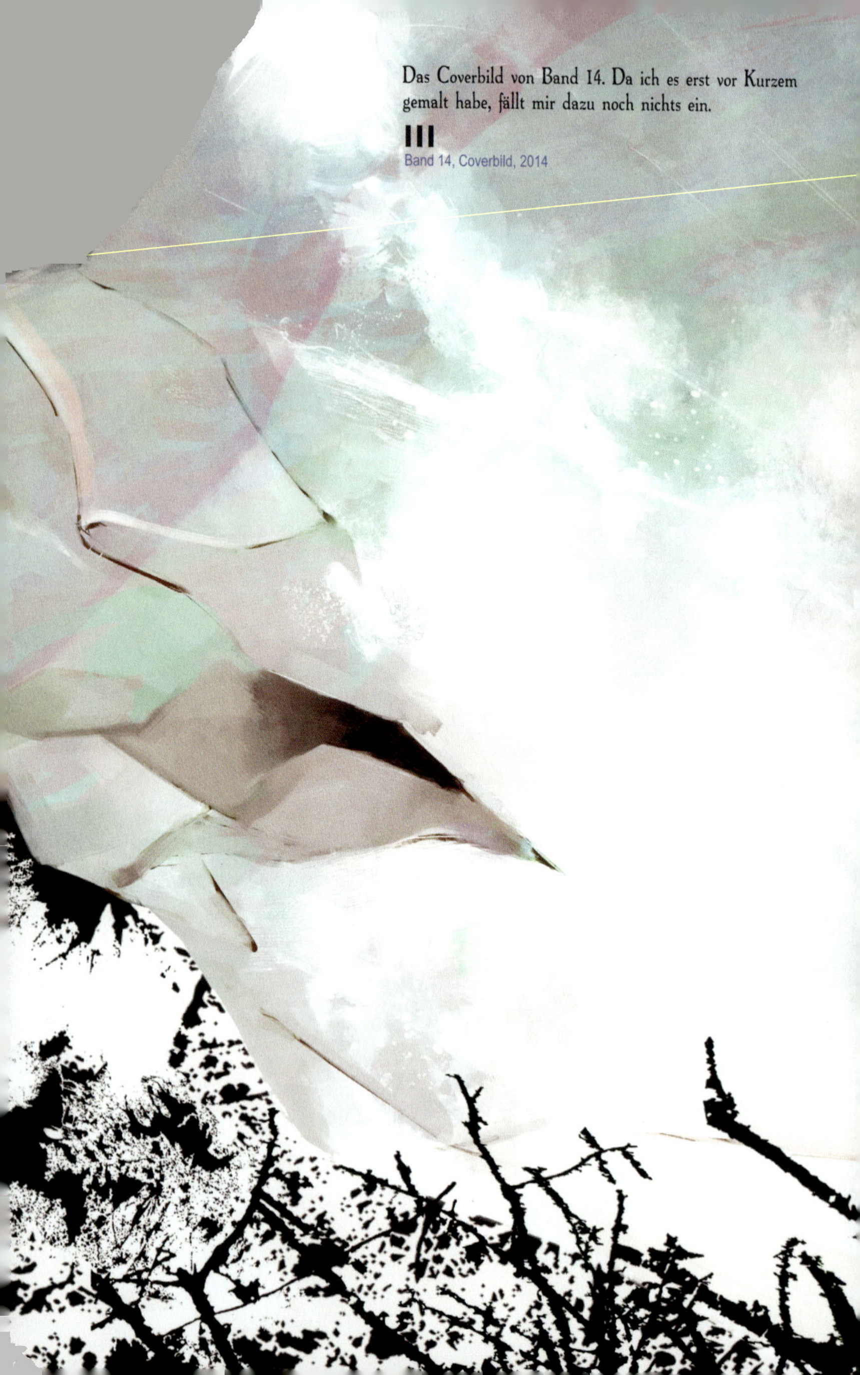

Das Coverbild von Band 14. Da ich es erst vor Kurzem gemalt habe, fällt mir dazu noch nichts ein.

III

Band 14, Coverbild, 2014

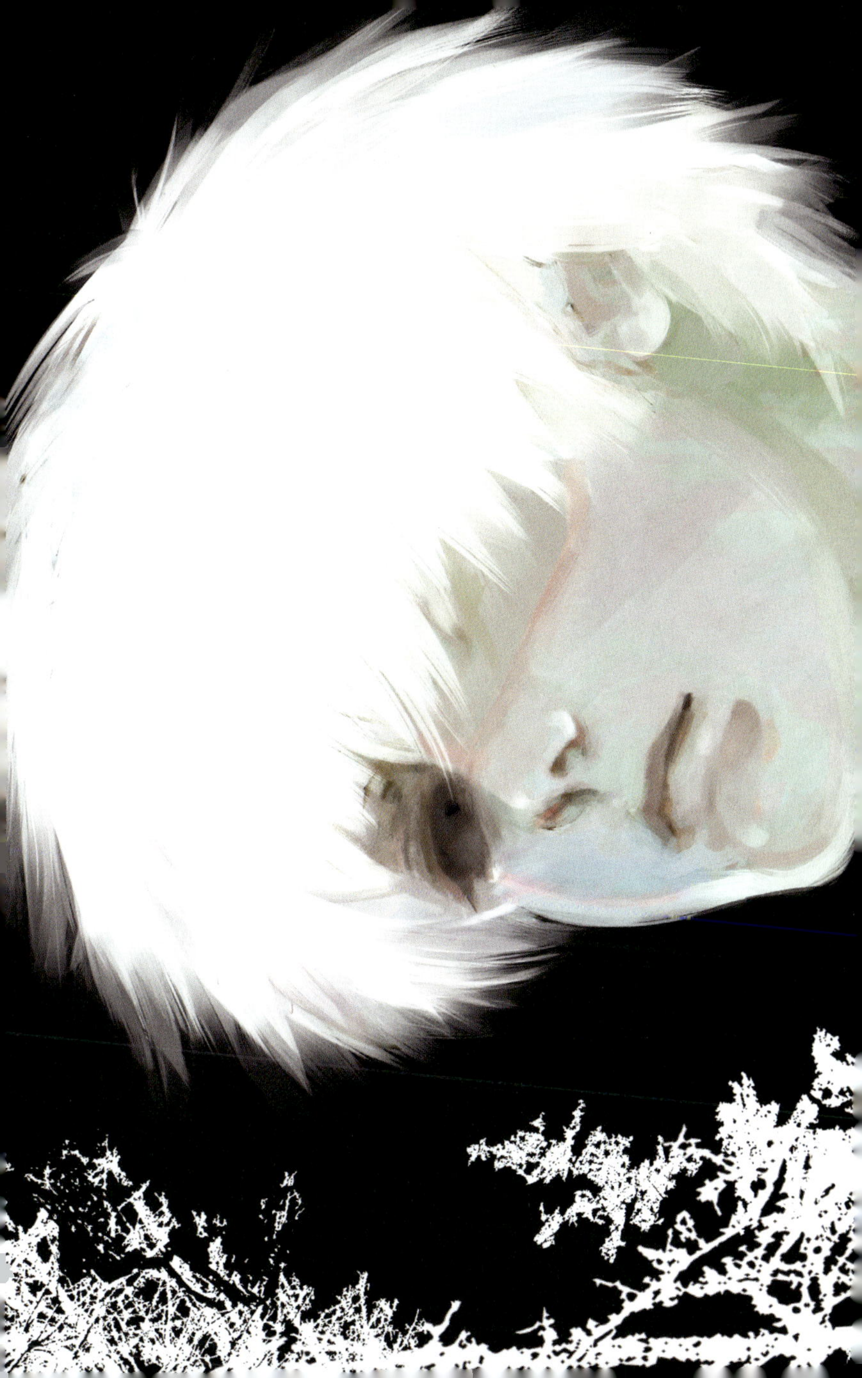

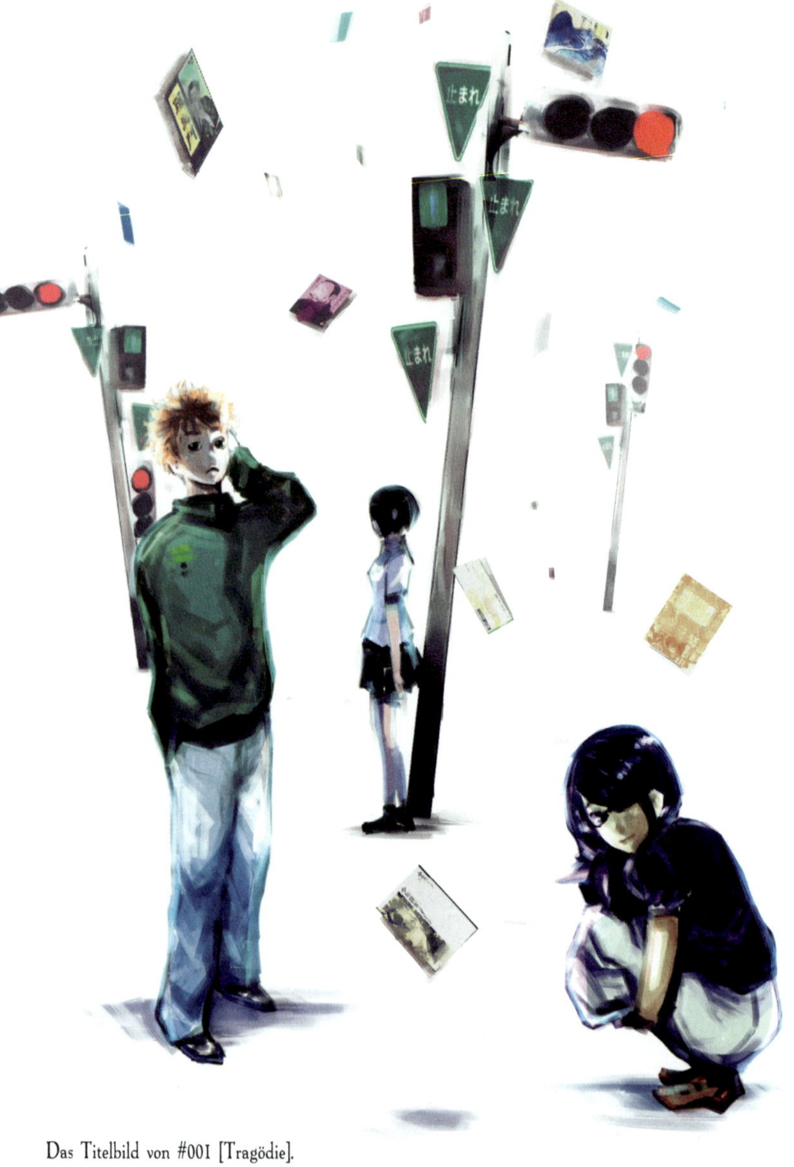

Das Titelbild von #001 [Tragödie].

Mir gefällt Ken in diesem Bild. Je öfter ich ihn zeichne, desto schwieriger wird er ...

III

Titelbild in der „Weekly Young Jump", Ausgabe Nr. 41, 2011

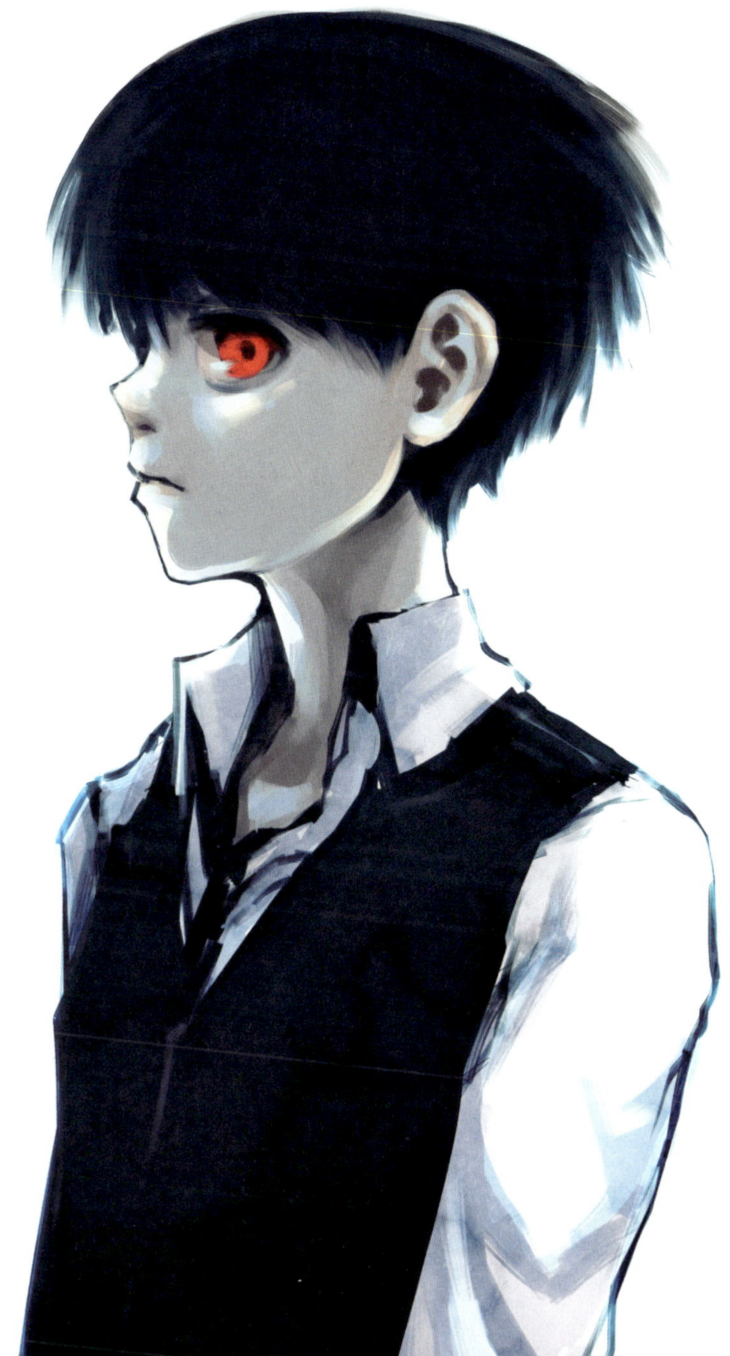

Das Titelbild von #004 [Kaffee].

Da ich damals selten Farbbilder gemalt habe, war das jedes Mal eine Herausforderung. Den Hintergrund mit den Verkehrsschildern finde ich gar nicht so schlecht.

III

Titelbild in der „Weekly Young Jump“, Ausgabe Nr. 44, 2011

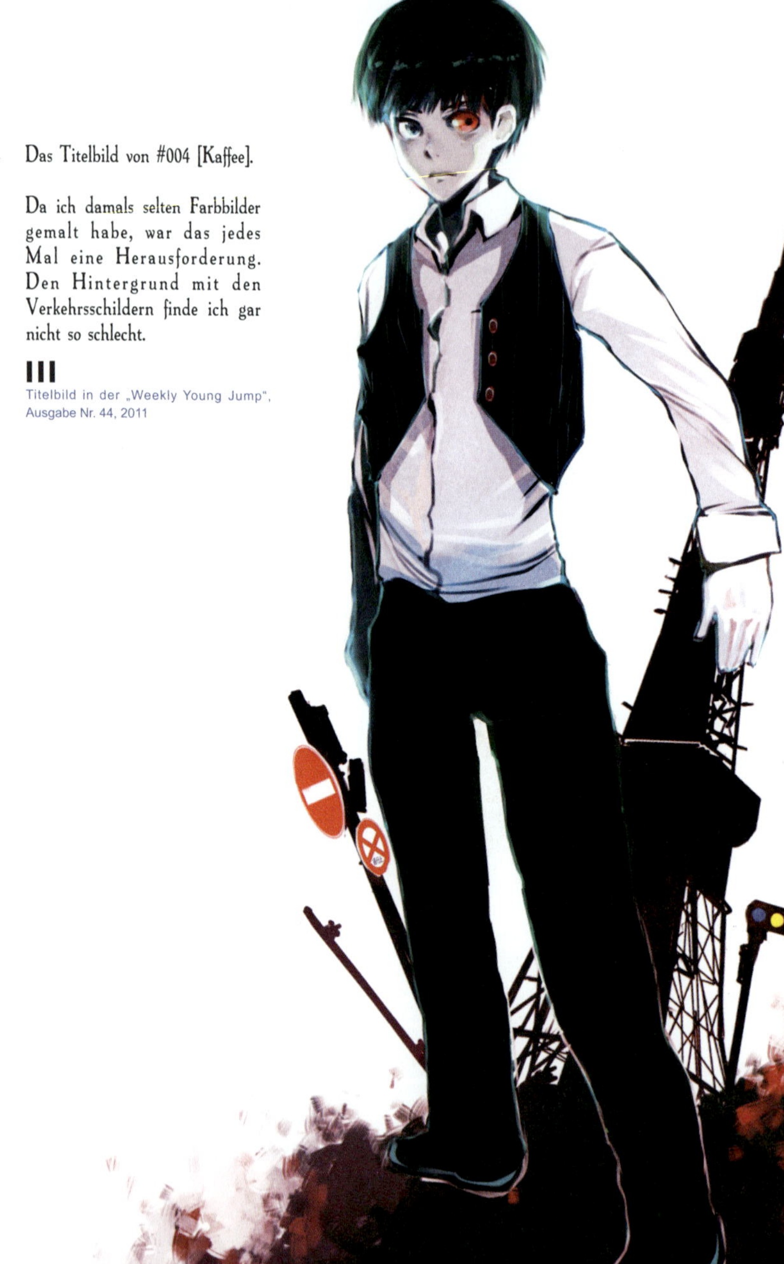

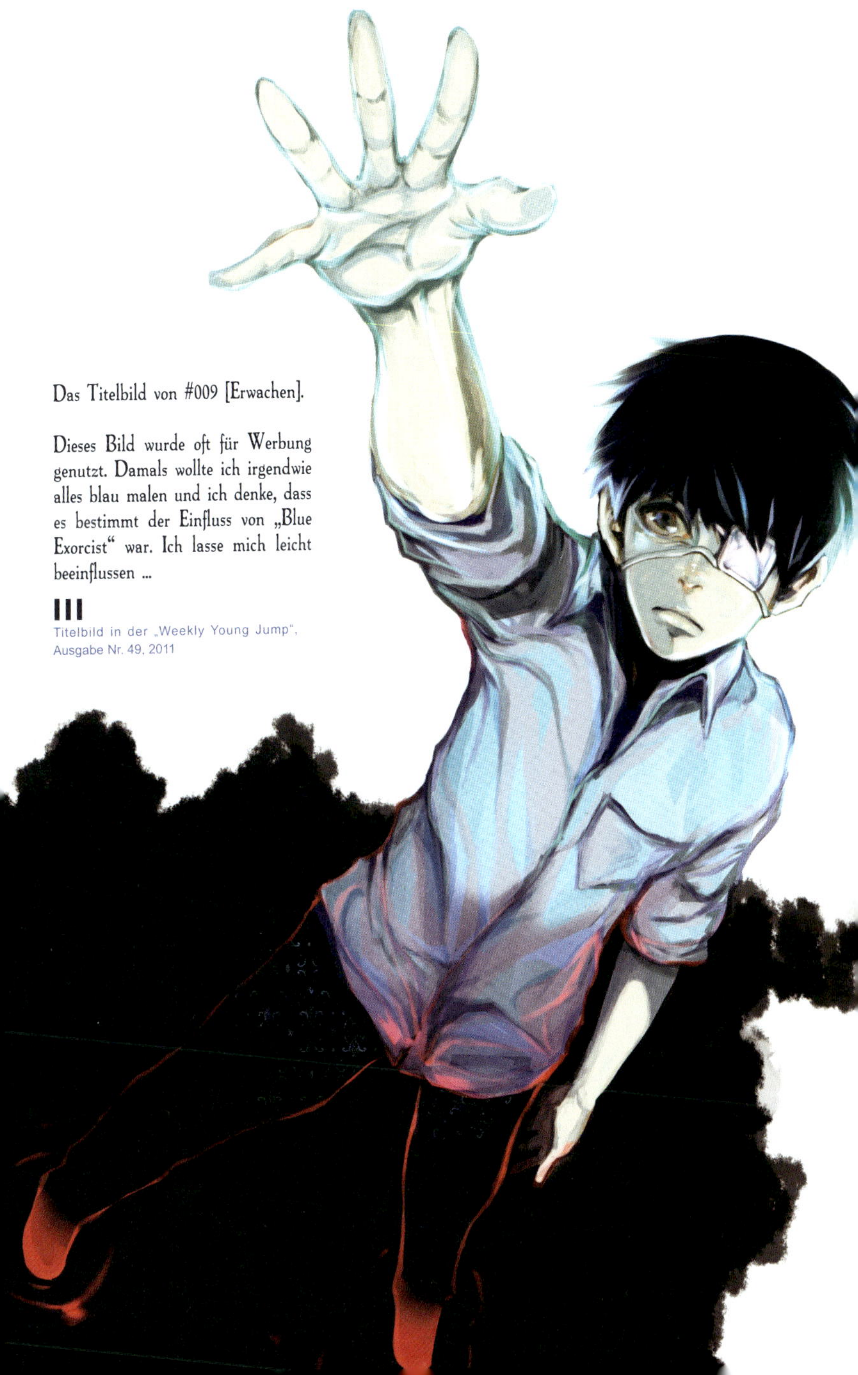

Das Titelbild von #009 [Erwachen].

Dieses Bild wurde oft für Werbung genutzt. Damals wollte ich irgendwie alles blau malen und ich denke, dass es bestimmt der Einfluss von „Blue Exorcist“ war. Ich lasse mich leicht beeinflussen ...

III

Titelbild in der „Weekly Young Jump“, Ausgabe Nr. 49, 2011

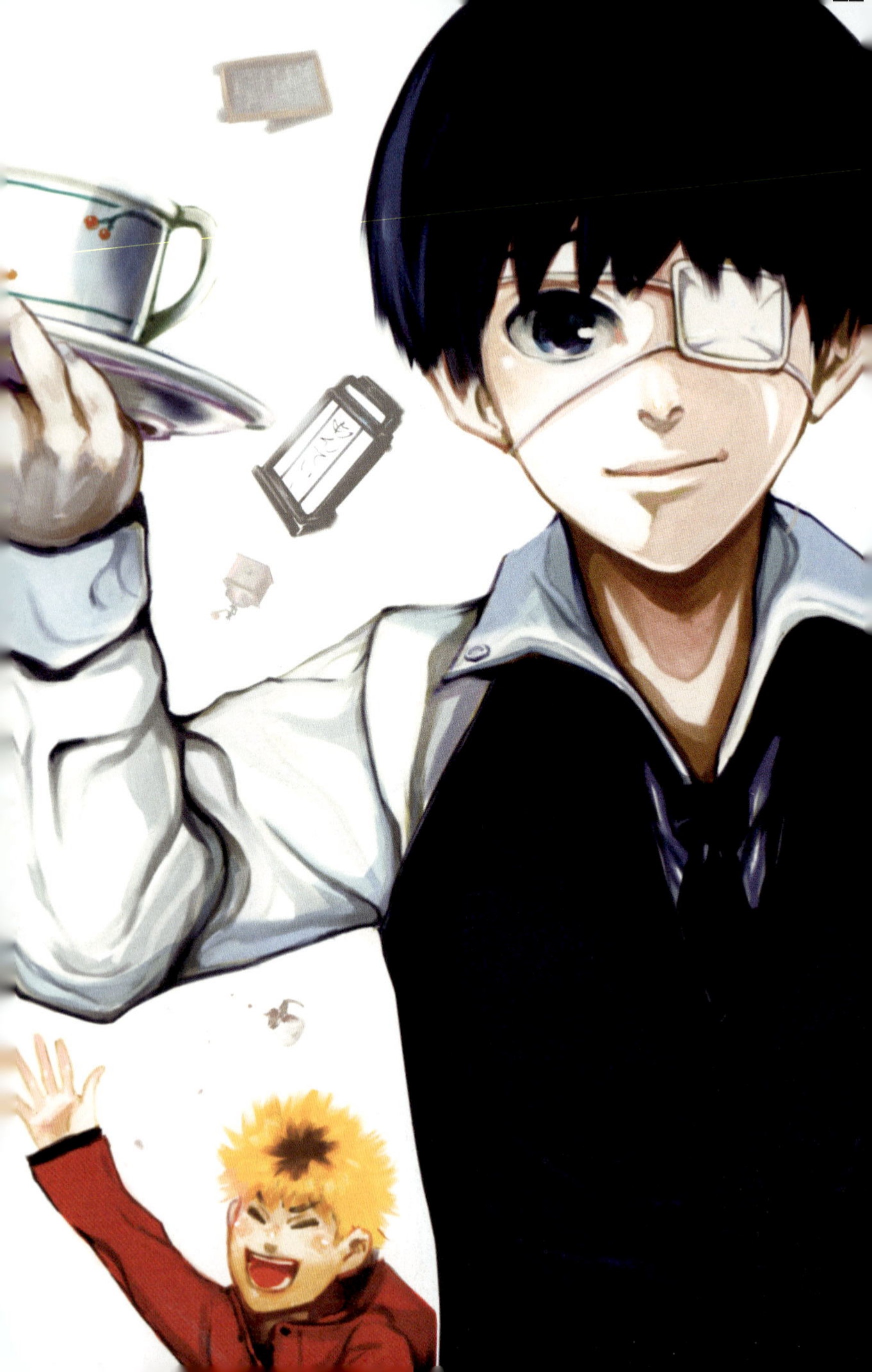

Nachdem ich unter höllischem Zeitdruck an Band 1 und dem Sonderkapitel [Liz] gearbeitet hatte, ist dieses Bild entstanden.

Ab dieser Folge beginnt Ken, im Café Antik zu kellnern. Im Gegensatz zu der fröhlichen Stimmung dieses Bildes war ich total erschöpft.
Yomo ist wie immer schlecht gelaunt.
Den Hintergrund von #001 habe ich auch in diesem Bild übernommen.

Die Story einer Manga-Serie wird generell mit dem Redakteur zusammen kreiert. Ich persönlich finde aber solche Arbeitsmethoden stressig und habe nach langer Überlegung all meinen Mut zusammengenommen und meinem Redakteur gesagt, dass ich mehr Entscheidungsfreiheit haben möchte. Er antwortete: Ja, klar! Darauf habe ich gewartet. Mir ist dabei fast die Kinnlade runtergefallen.

III

Titelbild in der „Weekly Young Jump", Ausgabe Nr. 1, 2012

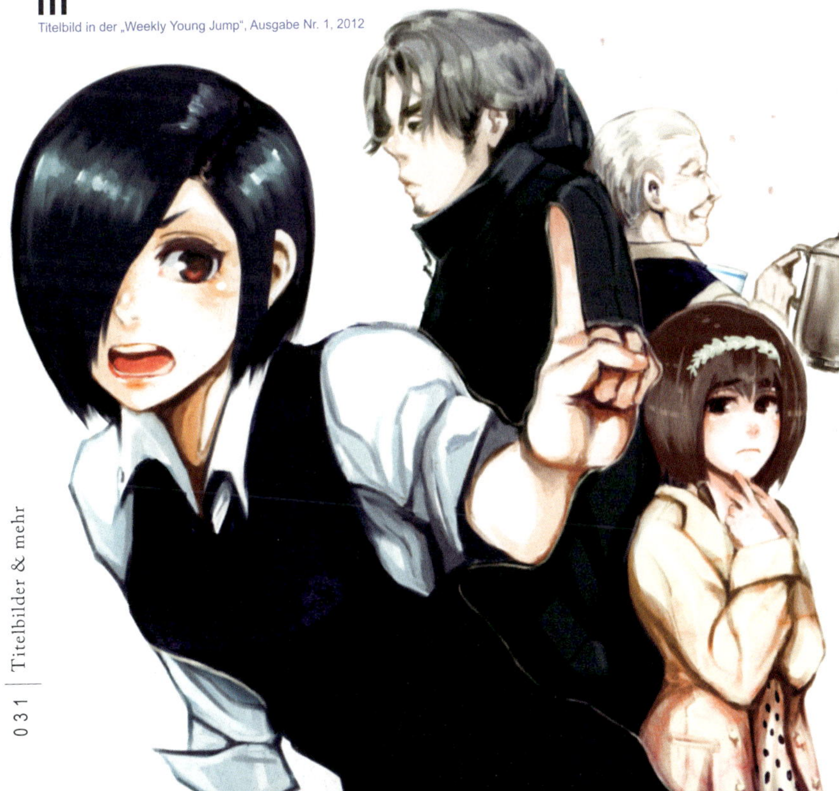

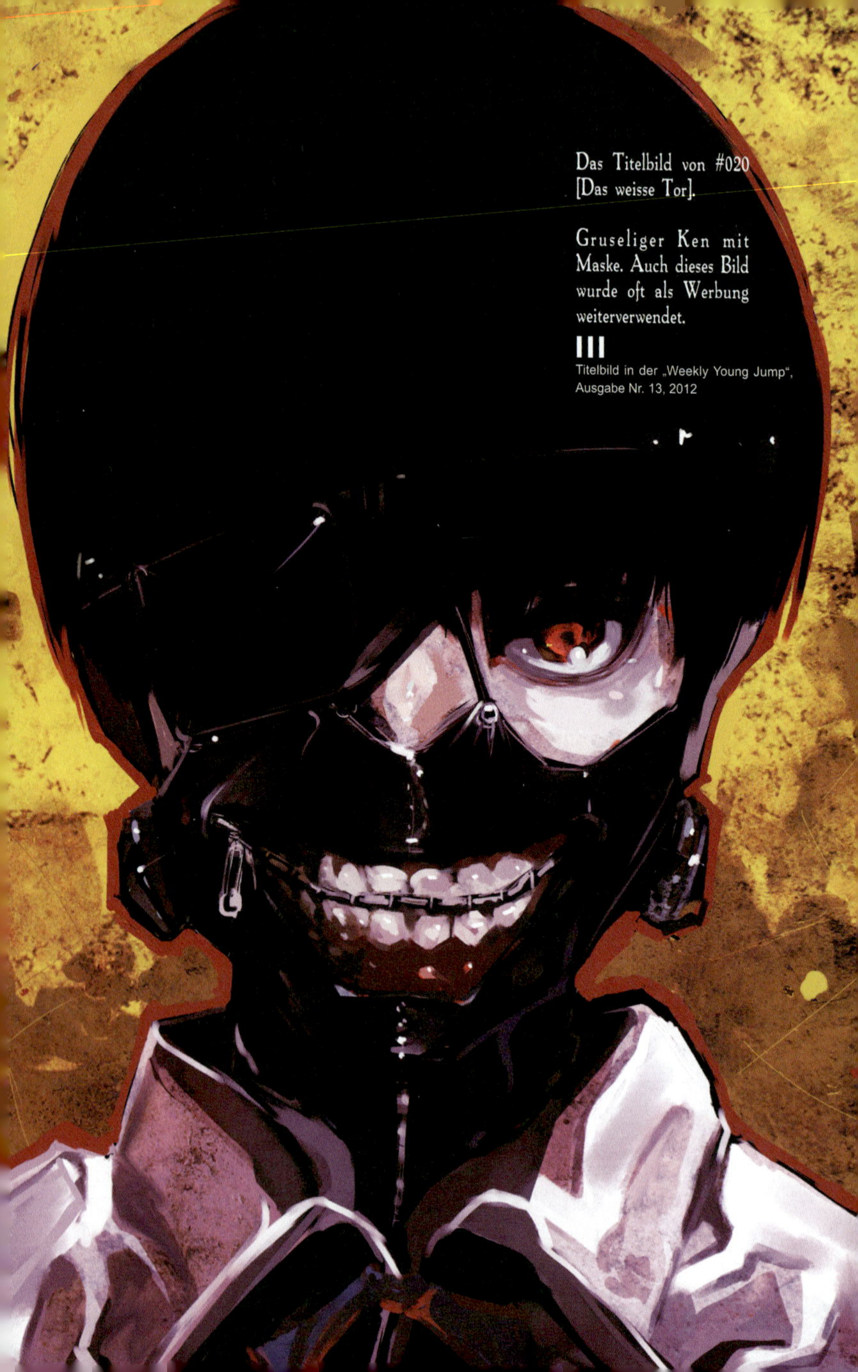

Das Titelbild von #020 [Das weisse Tor].

Gruseliger Ken mit Maske. Auch dieses Bild wurde oft als Werbung weiterverwendet.

III

Titelbild in der „Weekly Young Jump“, Ausgabe Nr. 13, 2012

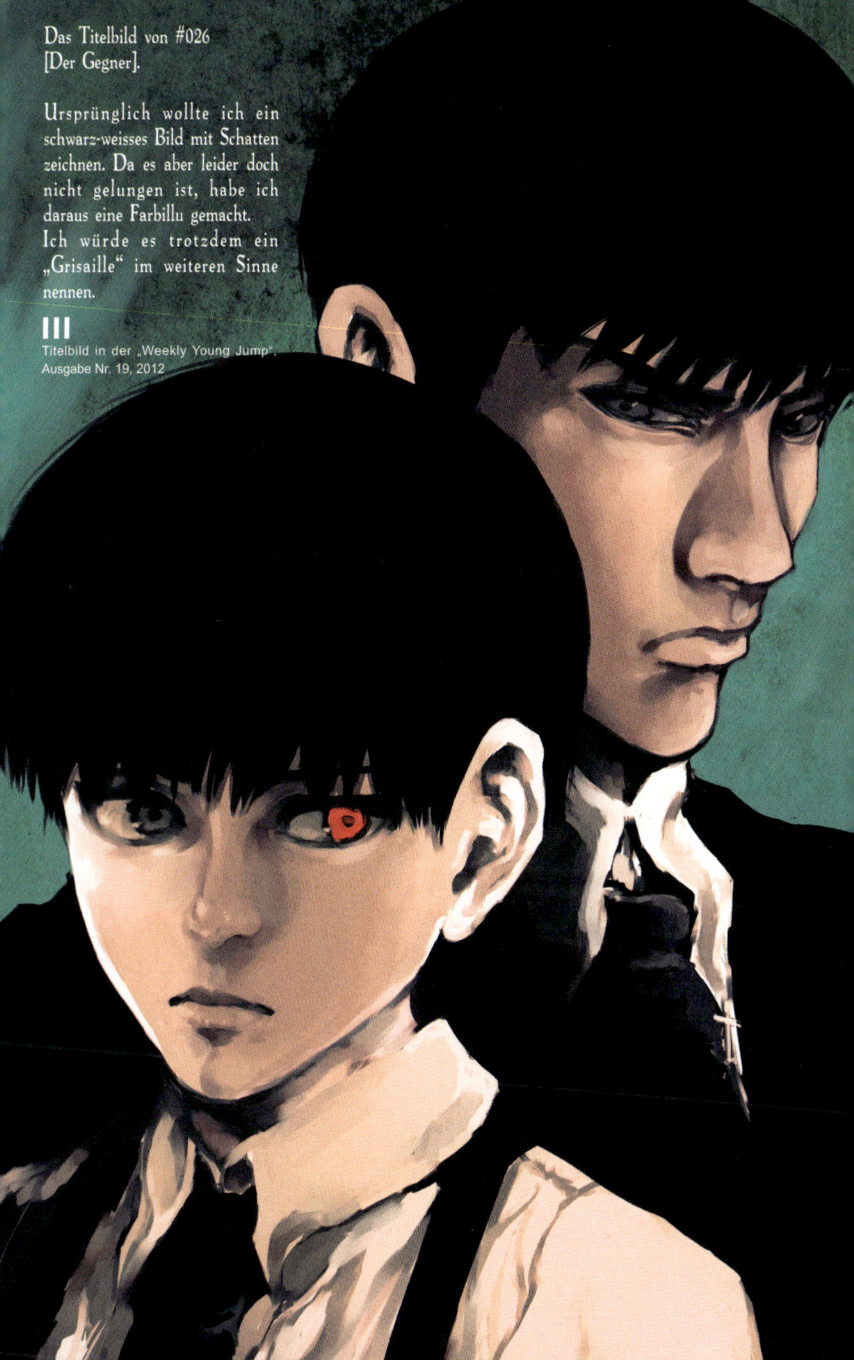
Das Titelbild von #026
[Der Gegner].
Ursprünglich wollte ich ein schwarz-weisses Bild mit Schatten zeichnen. Da es aber leider doch nicht gelungen ist, habe ich daraus eine Farbillu gemacht.
Ich würde es trotzdem ein „Grisaille“ im weiteren Sinne nennen.
III
Titelbild in der „Weekly Young Jump“, Ausgabe Nr. 19, 2012

Das Titelbild von #023 [Verschollen].

Auf dem Monitor sieht das Bild noch transparenter aus. Aber das erkennt man leider nicht mehr auf dem Papier.

Irgendwie gab es damals Symbolfarben für die beiden: Toka war blau und Hinami war grün.

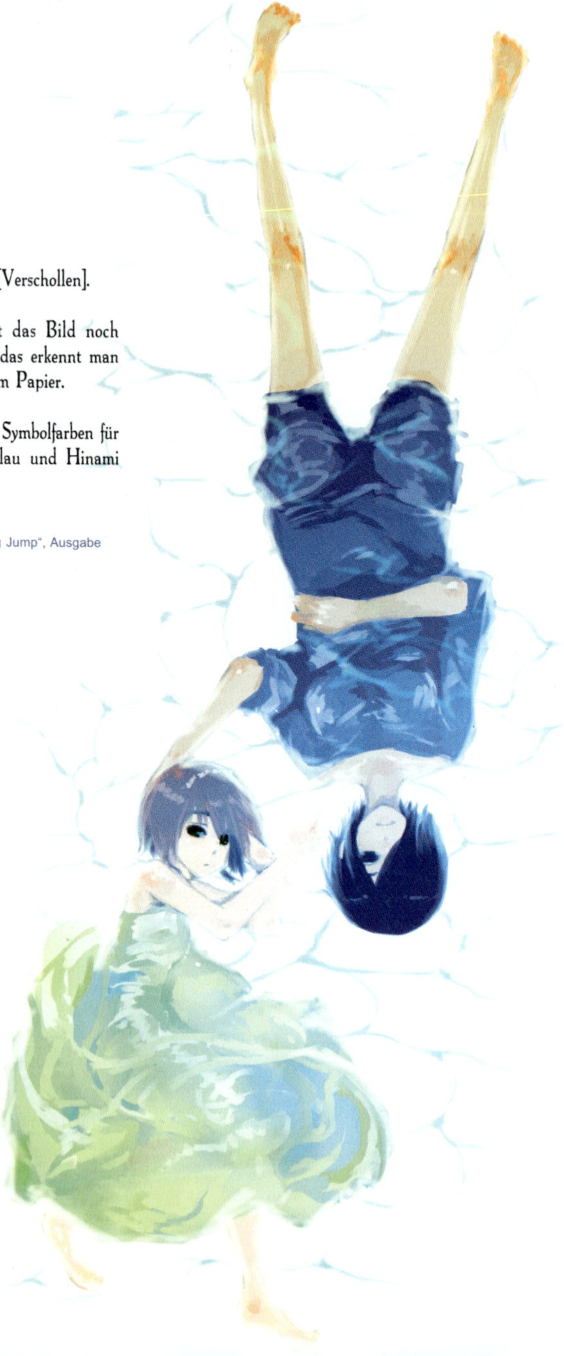

Titelbild in der „Weekly Young Jump", Ausgabe Nr. 16, 2012

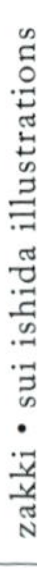

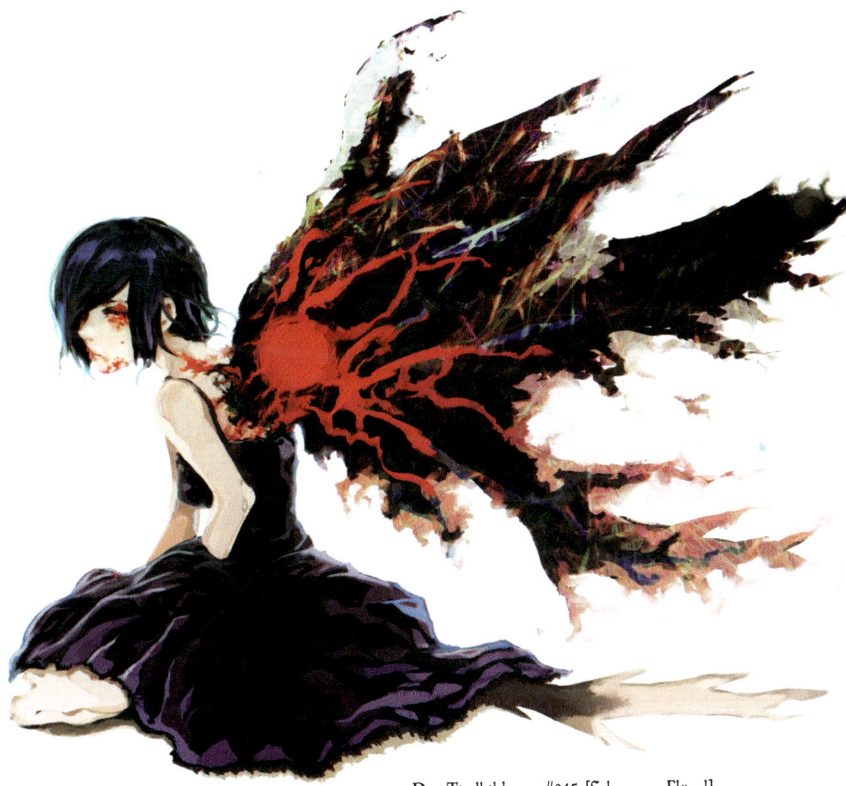

Das Titelbild von #045 [Schwarzer Flügel].

Es war das Kapitel, in dem sie gegen Shu kämpfte.

Dieses Bild wurde auch für einen Büchergutschein als Lesergeschenk verwendet.

III

Titelbild in der „Weekly Young Jump“, Ausgabe Nr. 41, 2012

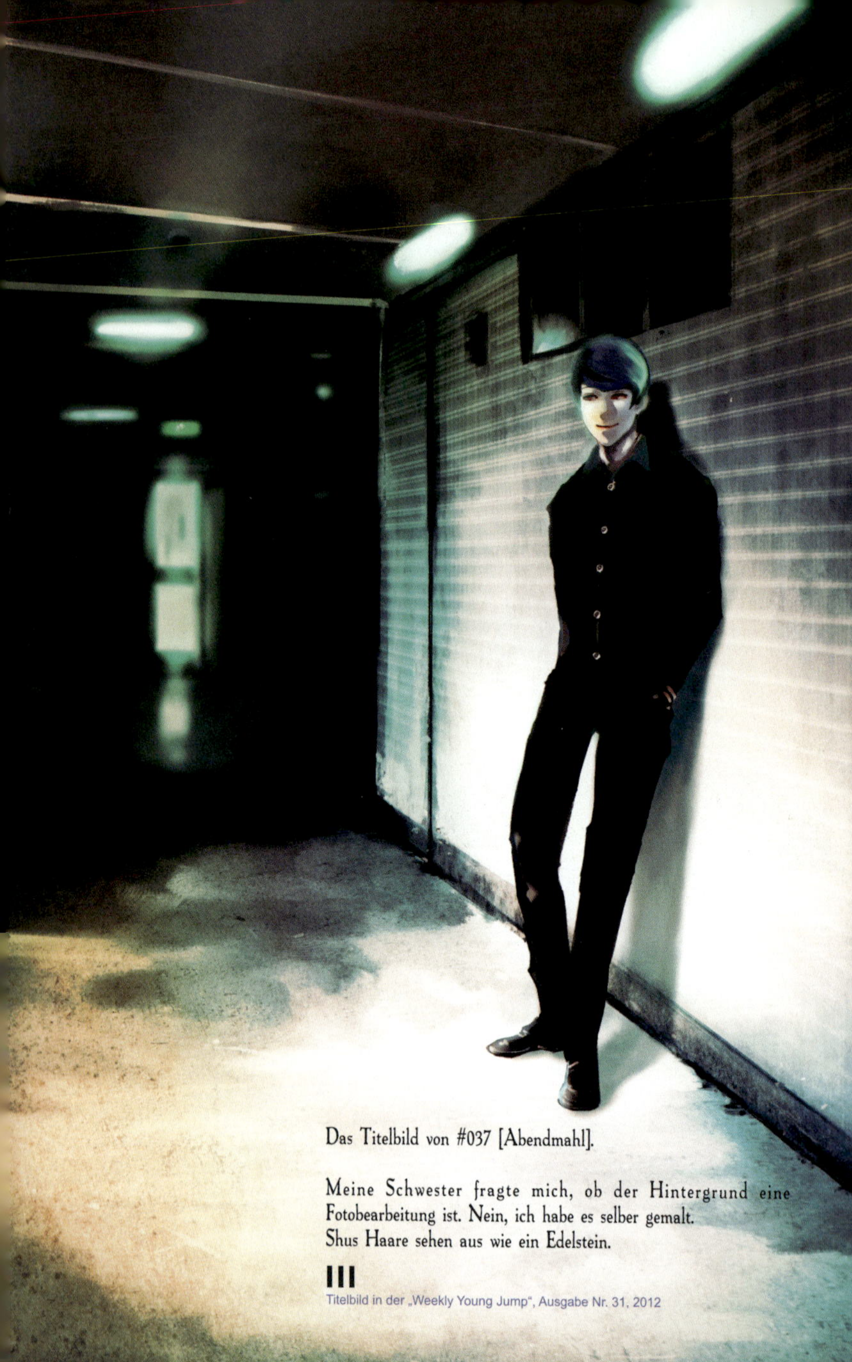

Das Titelbild von #037 [Abendmahl].

Meine Schwester fragte mich, ob der Hintergrund eine Fotobearbeitung ist. Nein, ich habe es selber gemalt. Shus Haare sehen aus wie ein Edelstein.

III

Titelbild in der „Weekly Young Jump", Ausgabe Nr. 31, 2012

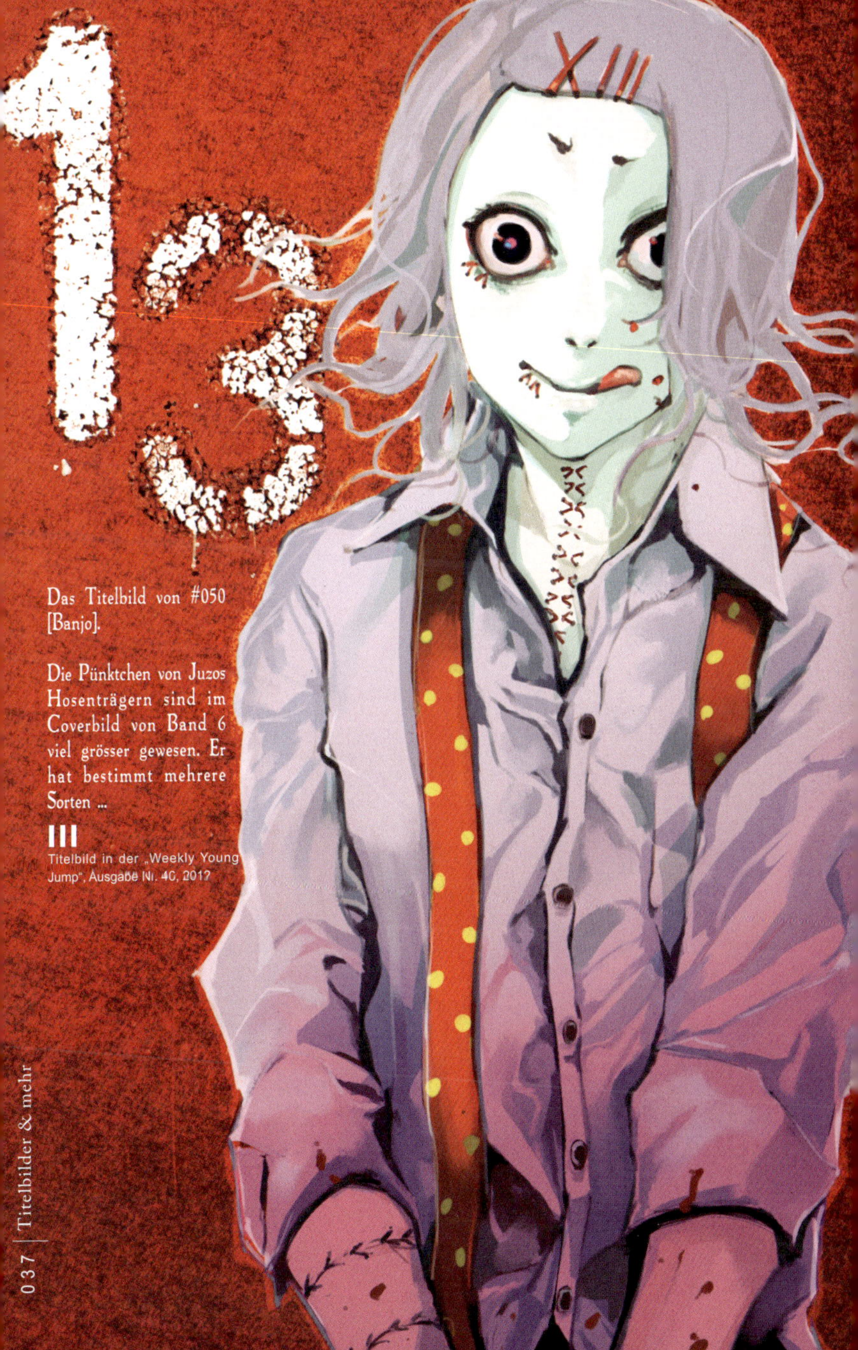

Das Titelbild von #050 [Banjo].

Die Pünktchen von Juzos Hosenträgern sind im Coverbild von Band 6 viel grösser gewesen. Er hat bestimmt mehrere Sorten ...

III

Titelbild in der „Weekly Young Jump", Ausgabe Nr. 40, 2012

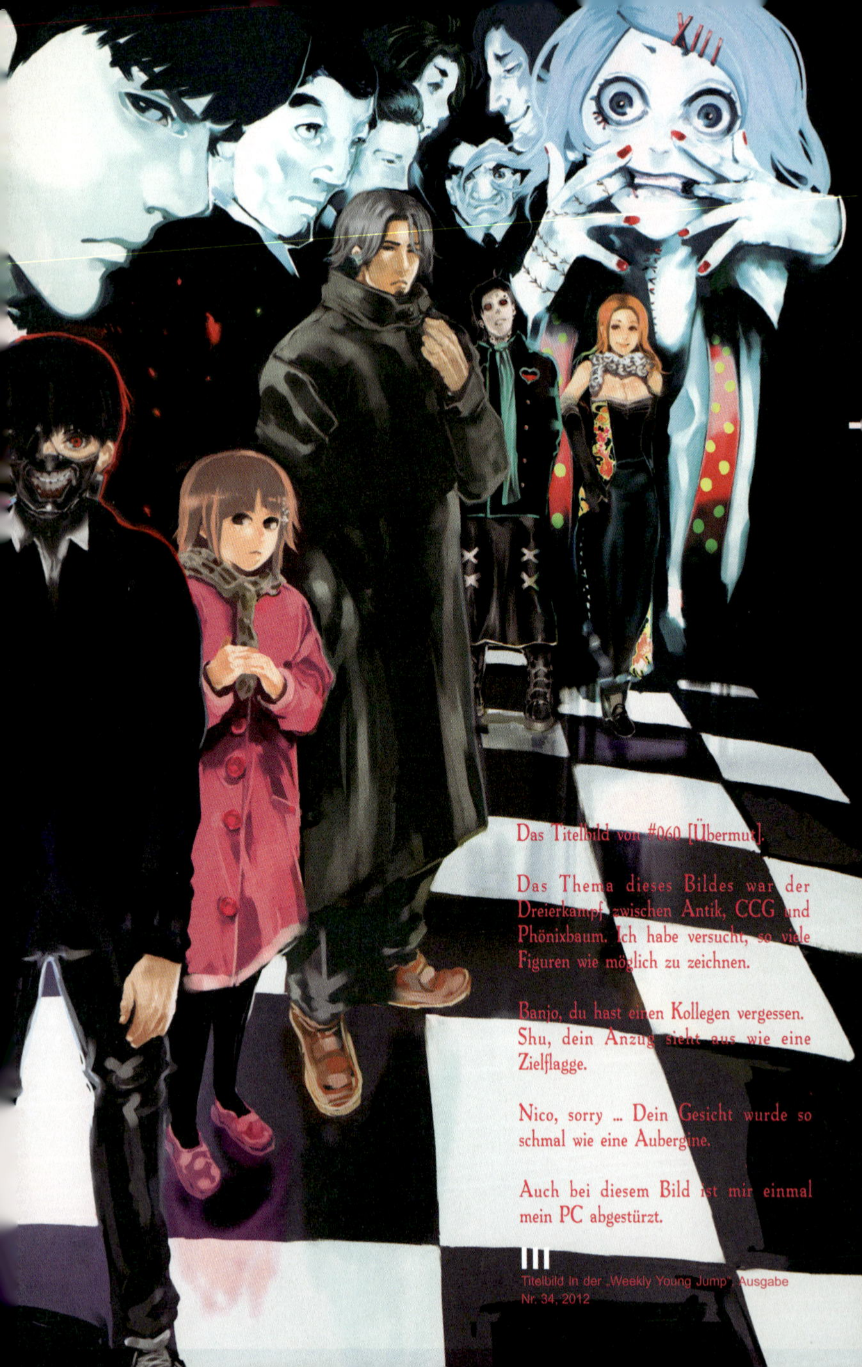

Das Titelbild von #060 [Übermut].

Das Thema dieses Bildes war der Dreierkampf zwischen Antik, CCG und Phönixbaum. Ich habe versucht, so viele Figuren wie möglich zu zeichnen.

Banjo, du hast einen Kollegen vergessen. Shu, dein Anzug sieht aus wie eine Zielflagge.

Nico, sorry ... Dein Gesicht wurde so schmal wie eine Aubergine.

Auch bei diesem Bild ist mir einmal mein PC abgestürzt.

III

Titelbild in der „Weekly Young Jump"-Ausgabe Nr. 34, 2012

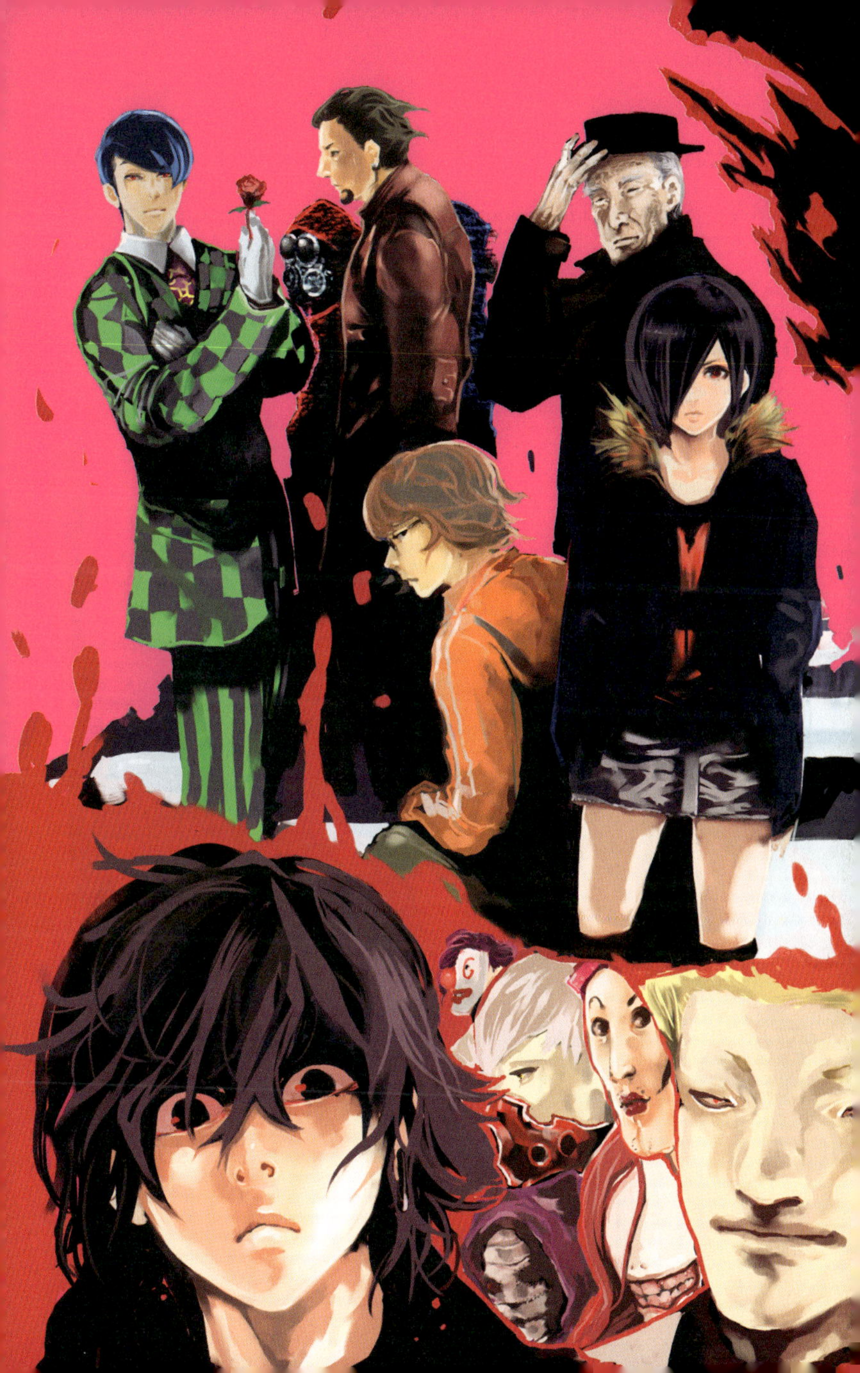

Das Titelbild von #063 [Ghul].

Nachdem ich viele Entwürfe verworfen hatte, entstand dieses Bild.

Das ist der gleiche Stuhl wie der, auf dem Ken im Cover vom Band 1 sitzt.

III

Titelbild in der „Weekly Young Jump", Ausgabe Nr. 8, 2013

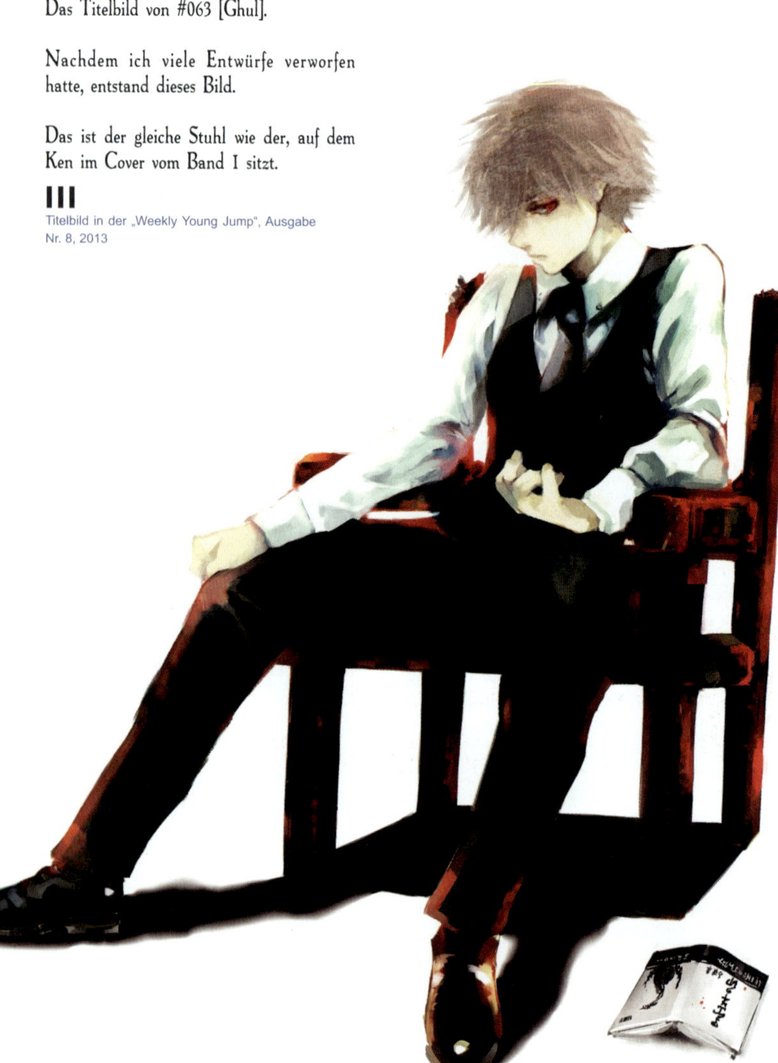

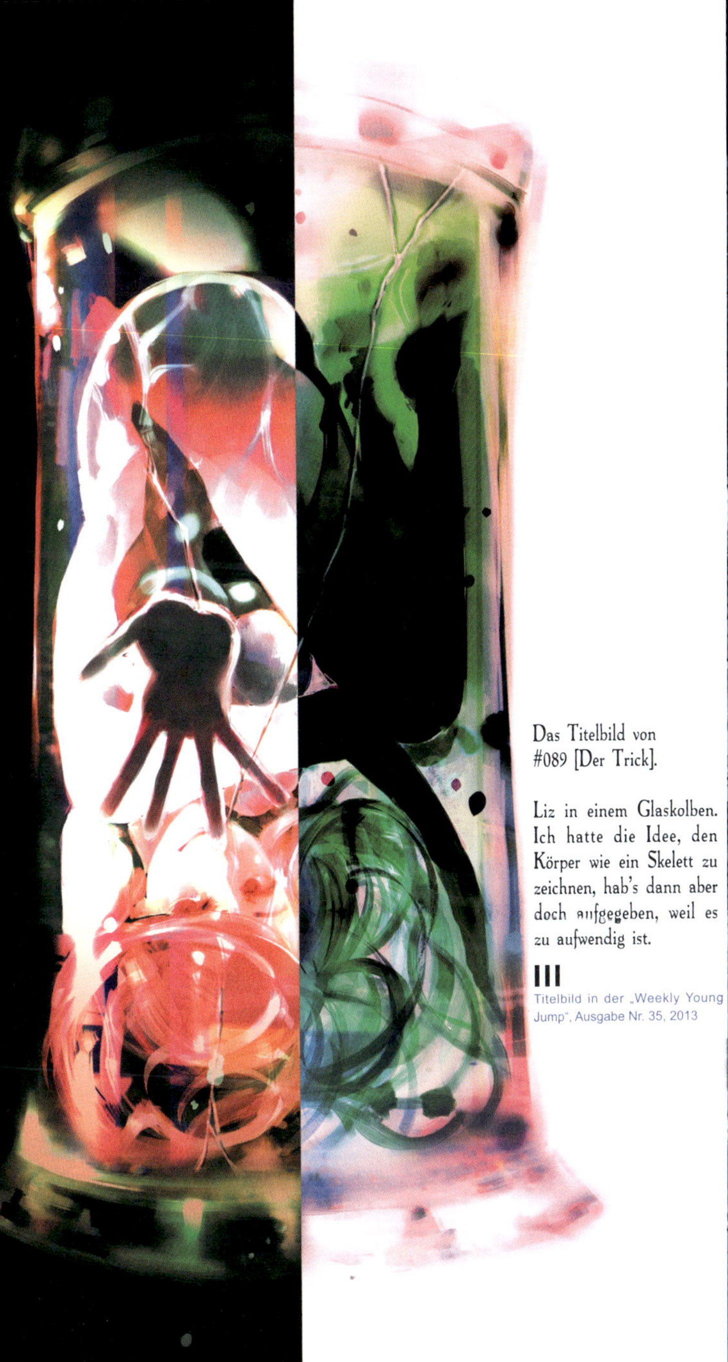

Das Titelbild von #089 [Der Trick].

Liz in einem Glaskolben. Ich hatte die Idee, den Körper wie ein Skelett zu zeichnen, hab's dann aber doch aufgegeben, weil es zu aufwendig ist.

III

Titelbild in der „Weekly Young Jump", Ausgabe Nr. 35, 2013

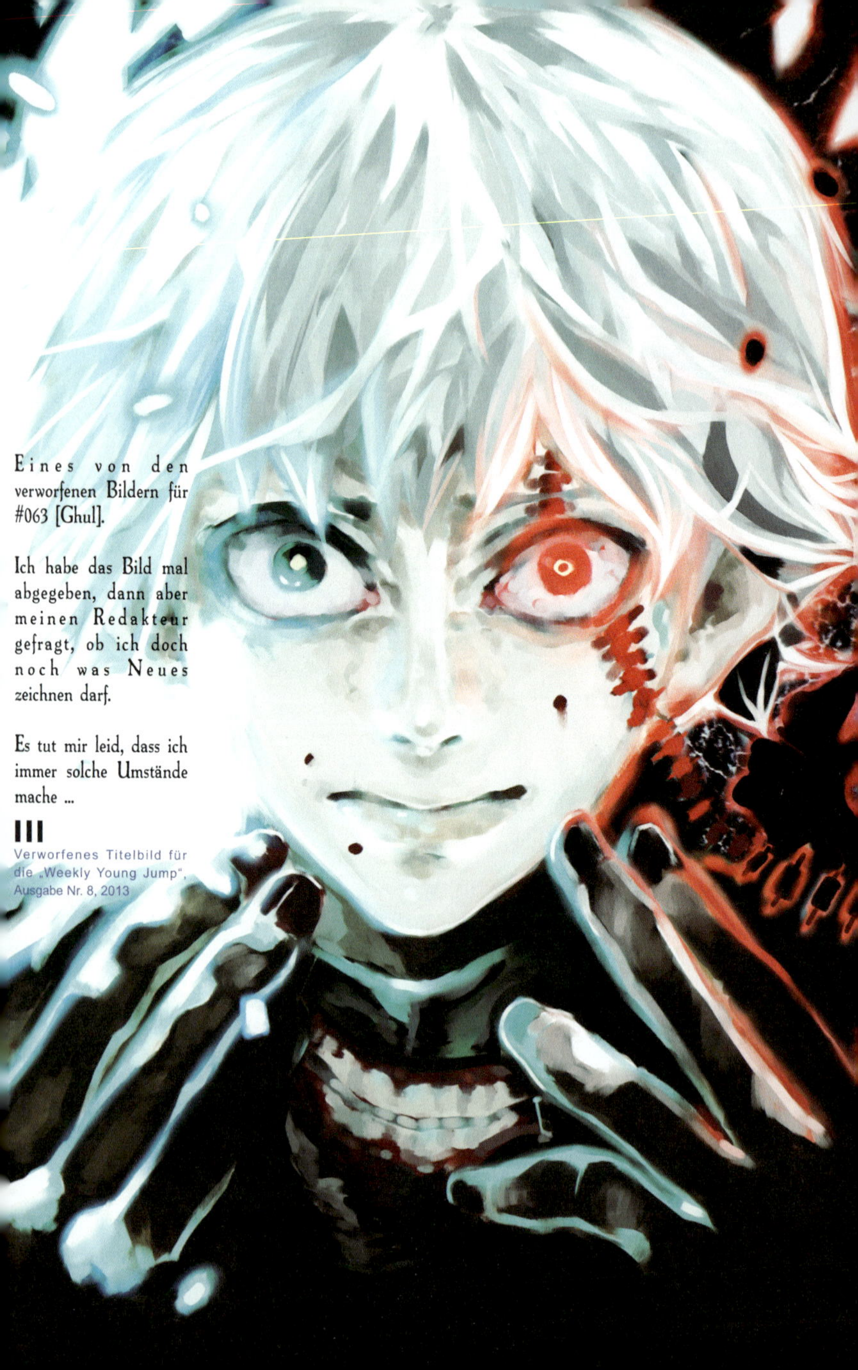

Eines von den verworfenen Bildern für #063 [Ghul].

Ich habe das Bild mal abgegeben, dann aber meinen Redakteur gefragt, ob ich doch noch was Neues zeichnen darf.

Es tut mir leid, dass ich immer solche Umstände mache ...

III
Verworfenes Titelbild für die „Weekly Young Jump", Ausgabe Nr. 8, 2013

Ein weiterer Entwurf, den ich verworfen habe. Ich hatte gedacht, dass ich ihn vielleicht später benutzen kann – hatte aber doch keine Gelegenheit.

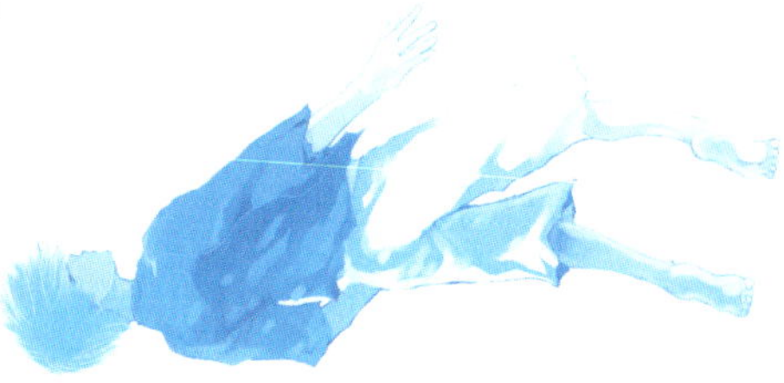

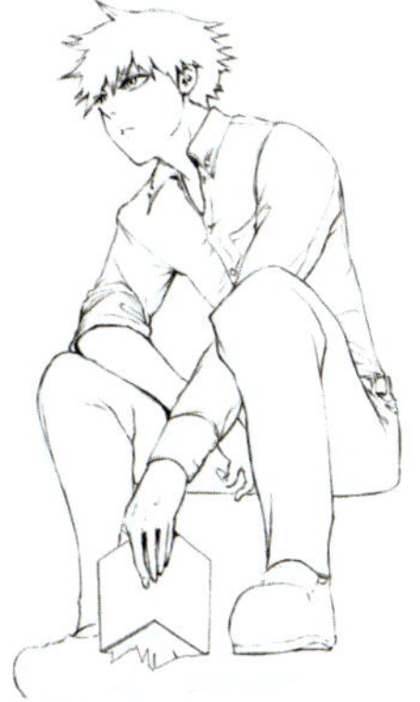

Noch ein Entwurf für dasselbe Kapitel. Ich habe es aufgegeben, weil der Hintergrund zu aufwendig war.

Warum habe ich eigentlich so viele Bilder verworfen? Die Antwort ist ganz einfach: Das war das Kapitel, in dem Ken akzeptierte, dass er ein Ghul ist.

Was würde ich wohl jetzt zeichnen, wenn ich noch mal zum gleichen Thema malen müsste ...?

III

Verworfene Bilder für die „Weekly Young Jump", Ausgabe Nr. 8, 2013

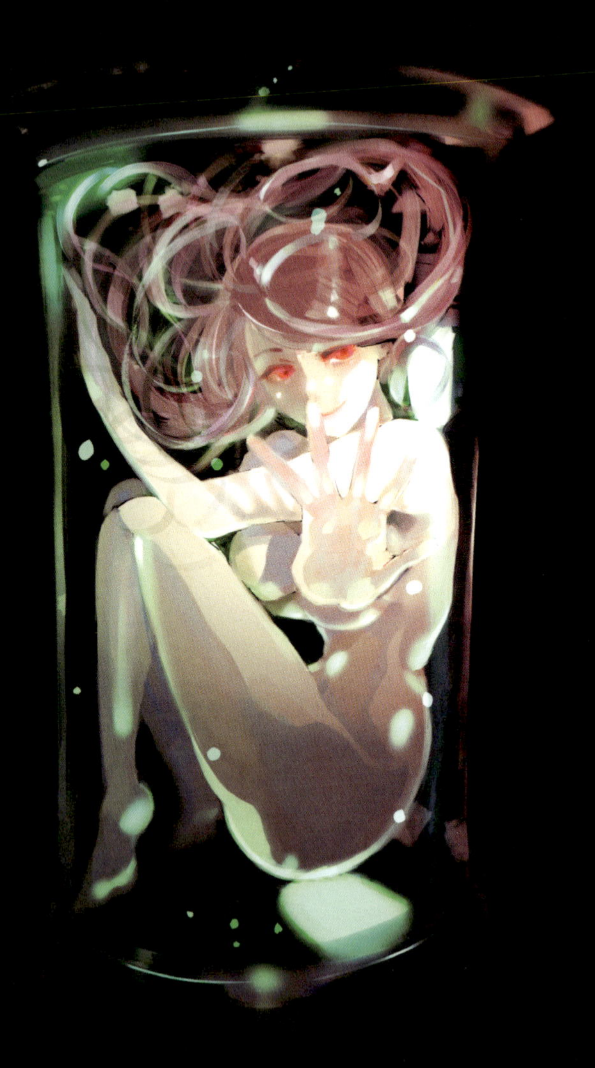

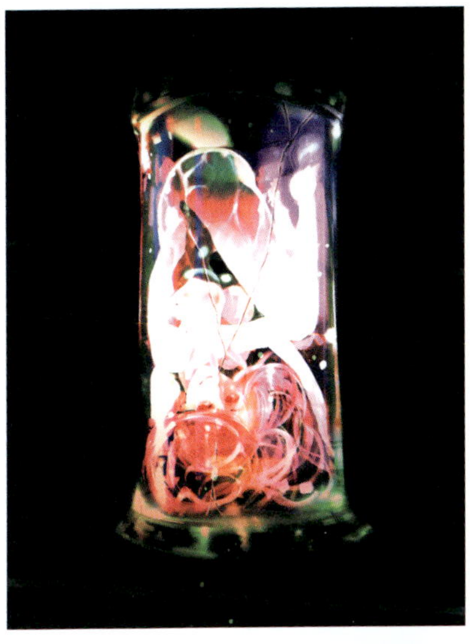

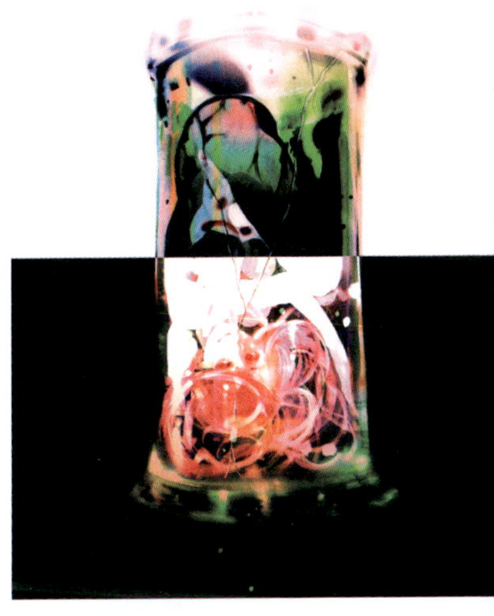

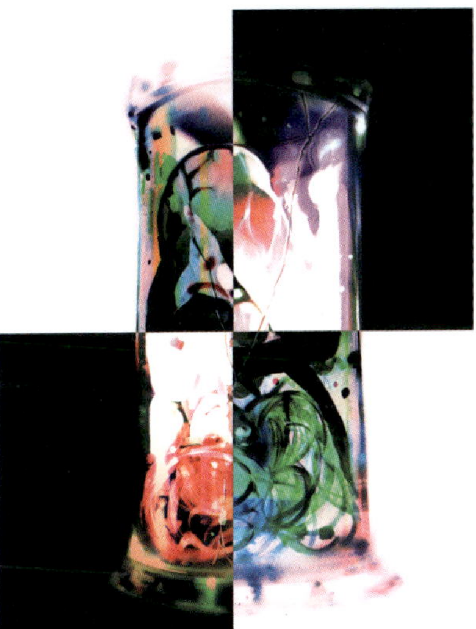

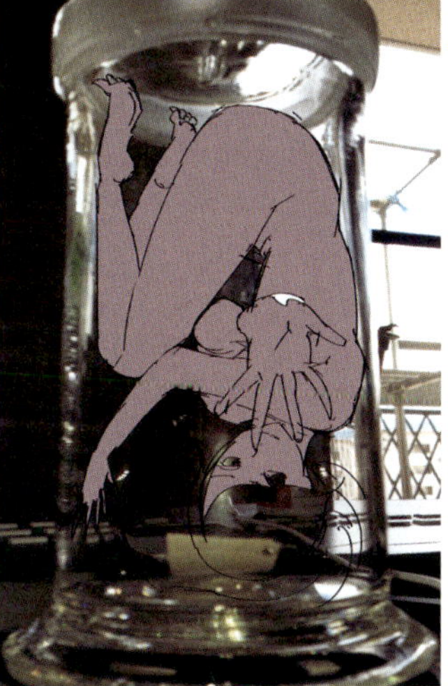

Da ich nicht alleine entscheiden konnte, welche Variante ich nehme, habe ich meinen Redakteur nach seiner Meinung gefragt.
Im Nachhinein finde ich das Bild ohne Bearbeitung auch nicht schlecht.

Ein Entwurf von Liz in einem Glaskolben.

Das Glas wollte ich noch benutzen, es ist aber leider kaputtgegangen, als ich heisses Wasser hineingegossen habe.

III

Verworfene Bilder für die „Weekly Young Jump", Ausgabe Nr. 35, 2013

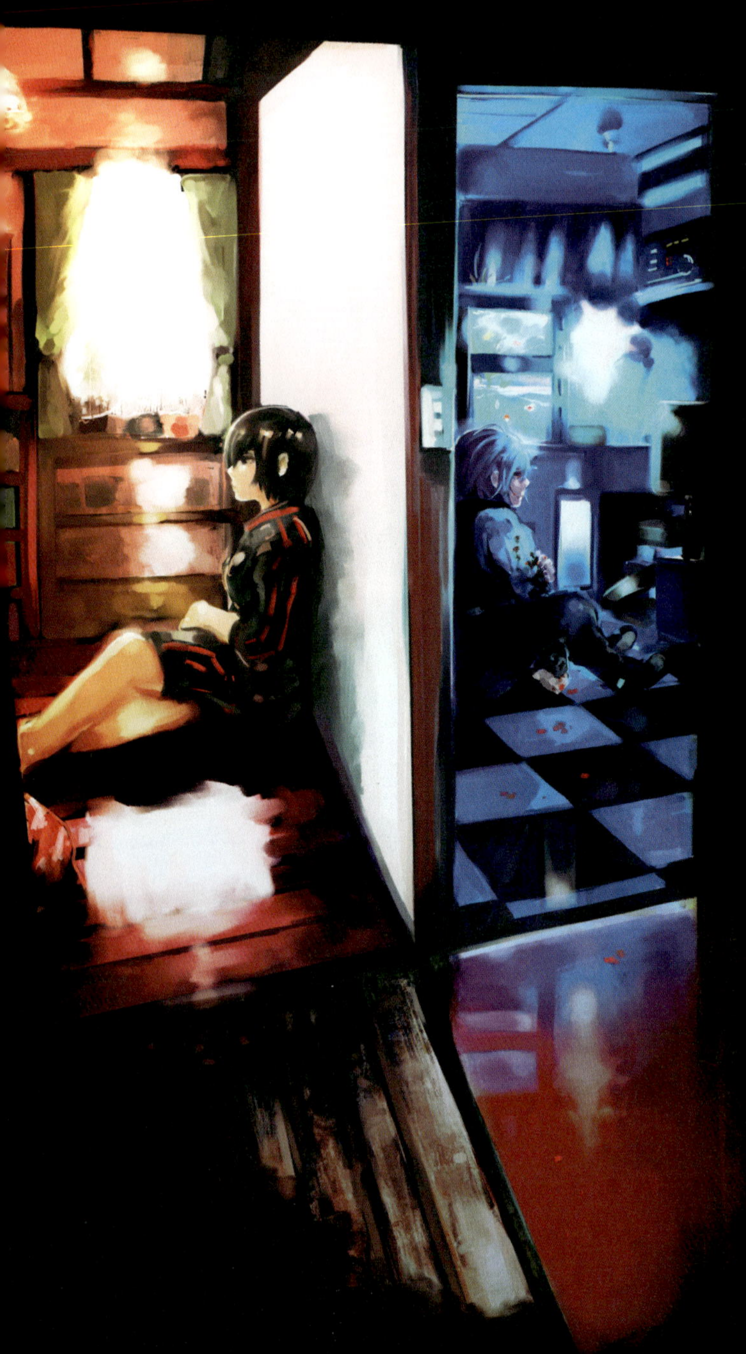

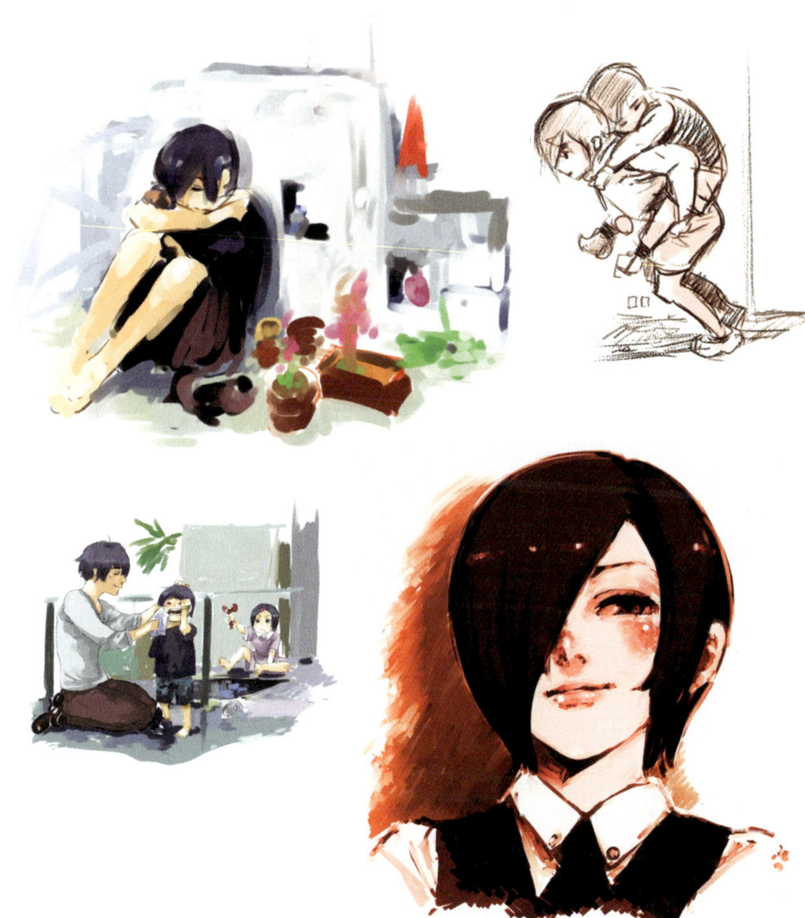

Das Titelbild von #071 [Die Zwei].

Auch dieses Mal habe ich viele Bilder verworfen, aber das Thema, das ich letztendlich malen wollte, war immer das gleiche.

III

Verworfene Entwürfe für die „Weekly Young Jump", Ausgabe Nr. 16, 2013

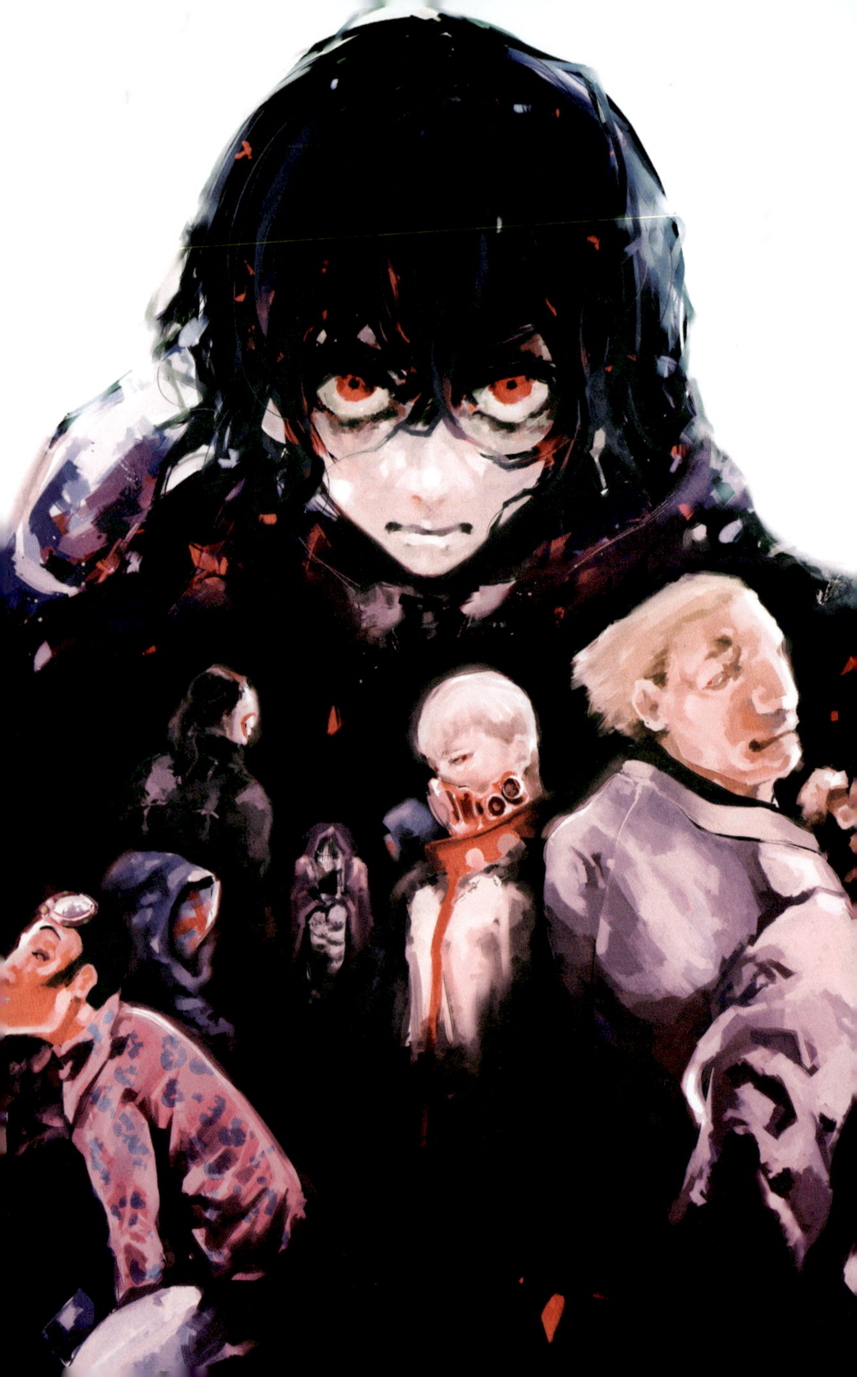

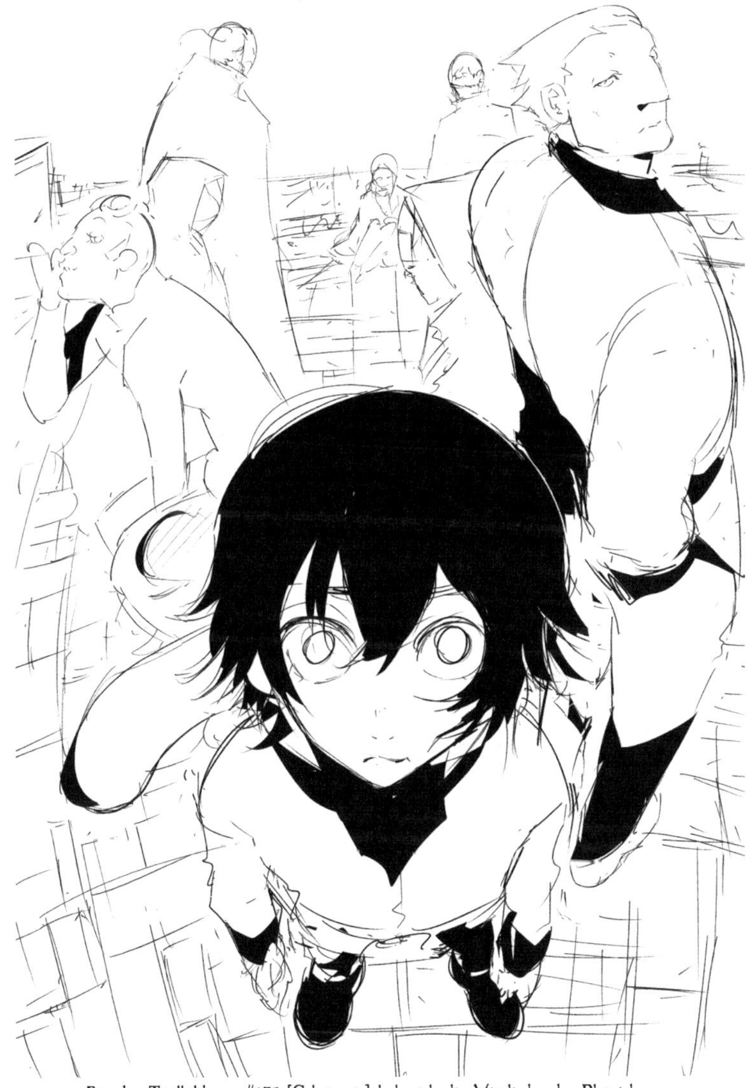

Für das Titelbild von #075 [Geheimnis] habe ich die Mitglieder des Phönixbaums gemalt. Das Bild auf dieser Seite war die zweite Variante, ich habe mich aber letztendlich für die rechte Version entschieden, weil ich Ayato betonen wollte. Gecko und Nico habe ich auch im rechten Bild verwendet.

III

Titelbild in der „Weekly Young Jump", Ausgabe Nr. 20, 2013

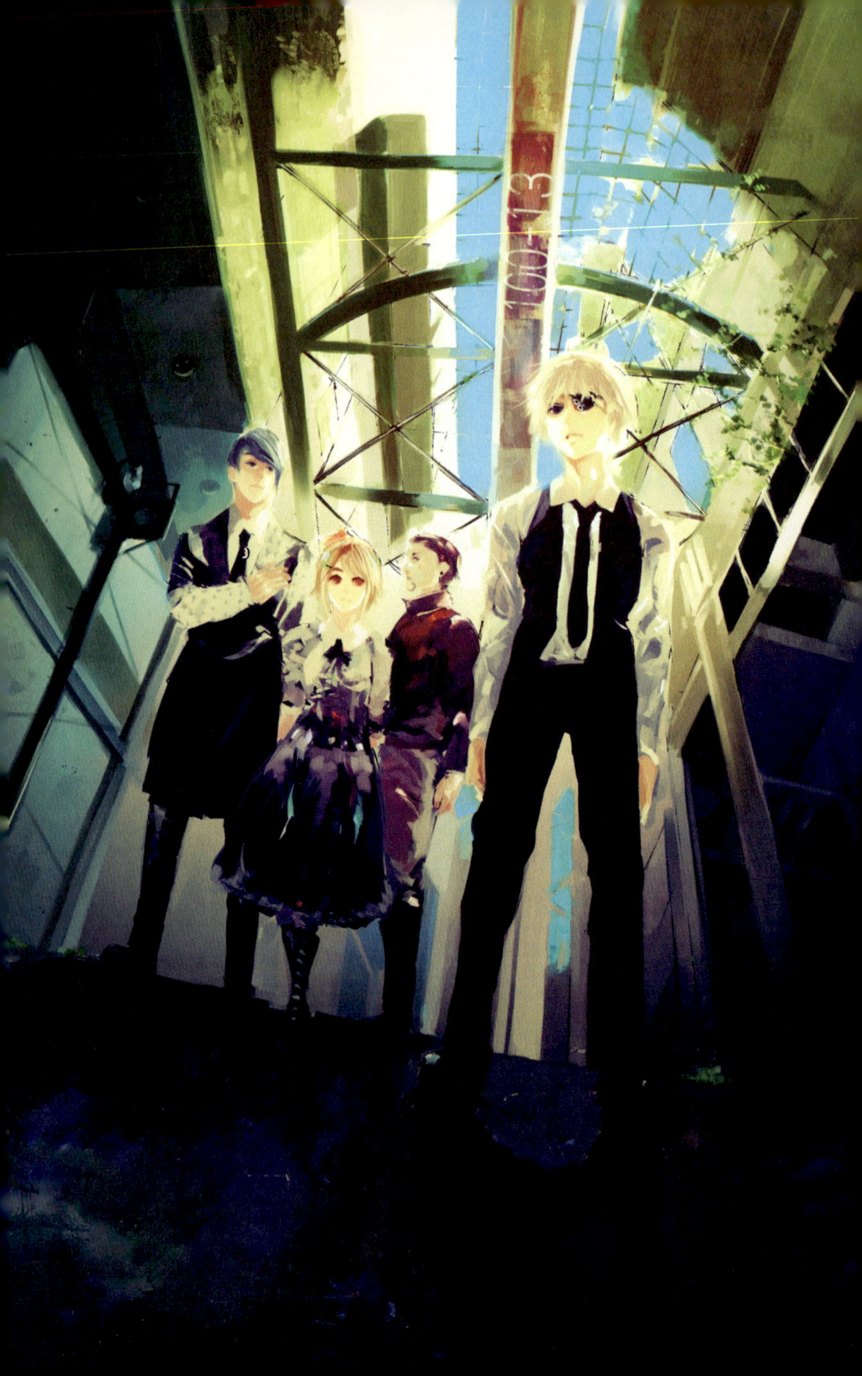

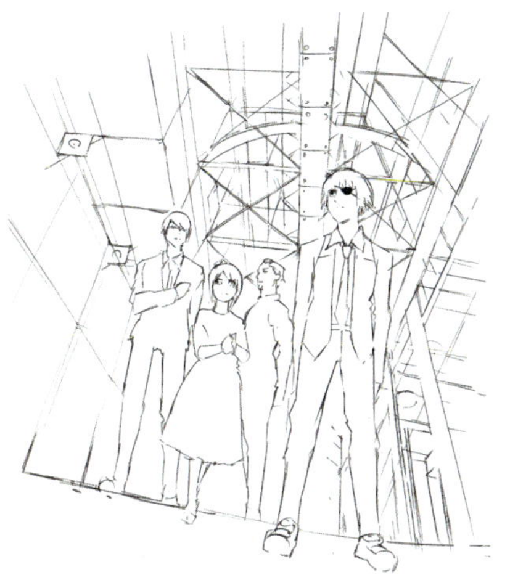

I. Skizze

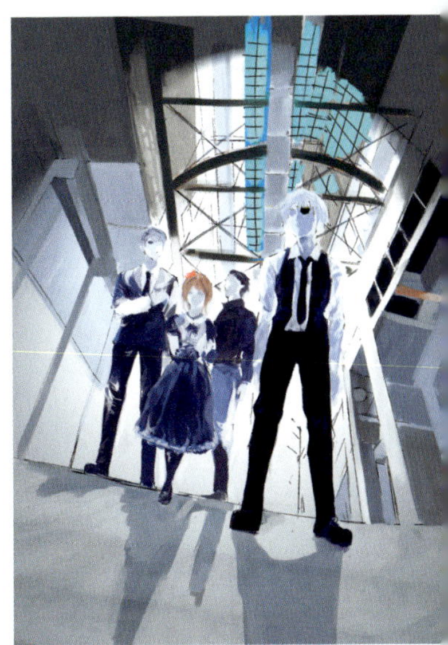

2. Grob gemalt

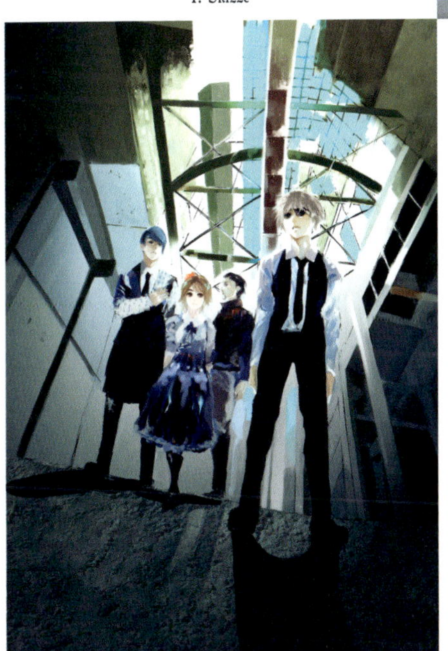

3. Sorgfältig gemalt

Das Titelbild von #087 [Gerüchte].

Mitglieder vom 6. Bezirk. Zu dieser Zeit habe ich angefangen, Arbeitsvorgänge separat zu speichern und mehrere Malprogramme parallel zu benutzen. Bei diesem Bild habe ich mit „Comic Studio“ Linien gezeichnet und danach mit „SAI“ und „Painter“ die Farben gemacht.

III

Titelbild und Entwürfe für die „Weekly Young Jump“, Ausgabe Nr. 33, 2013

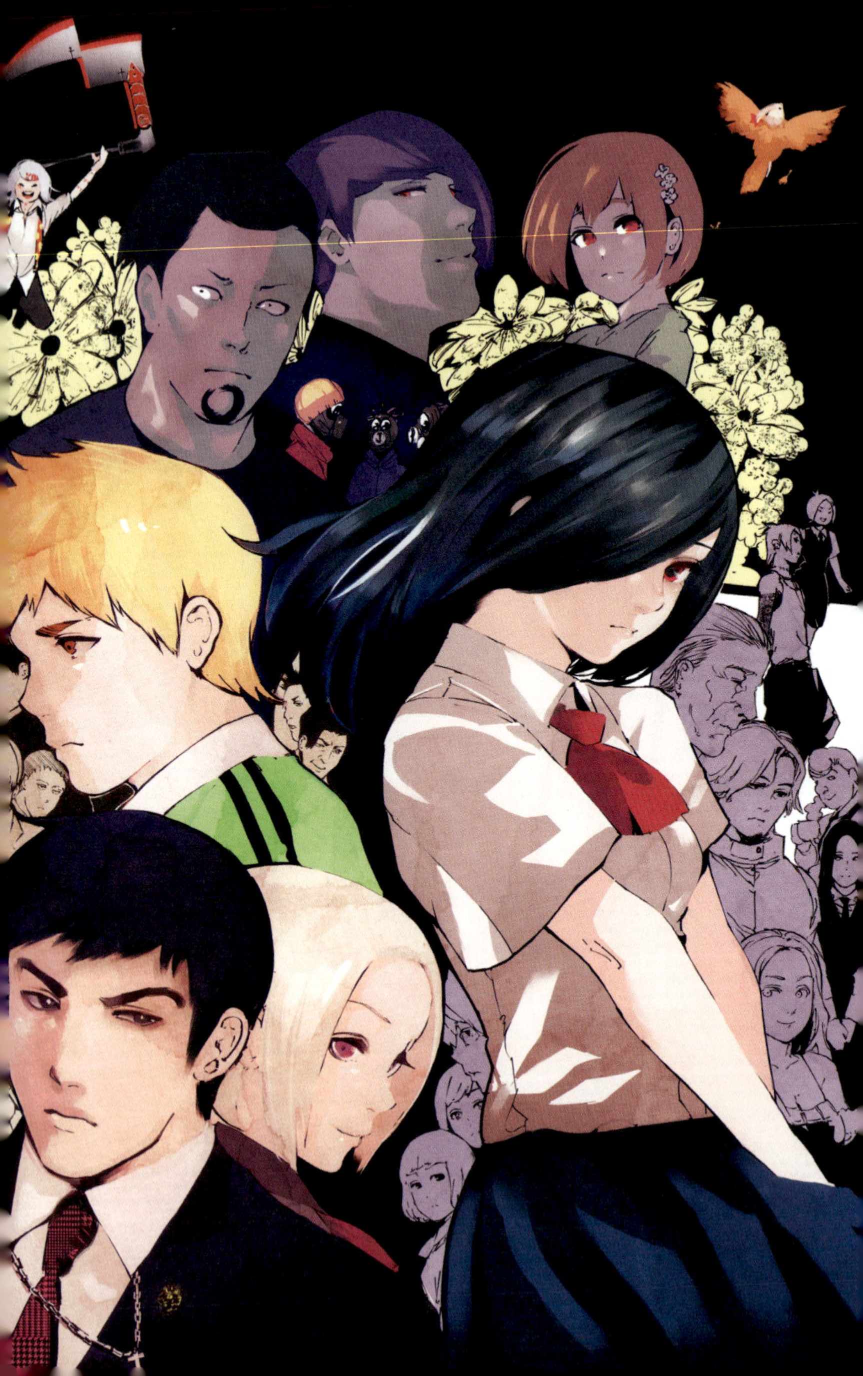

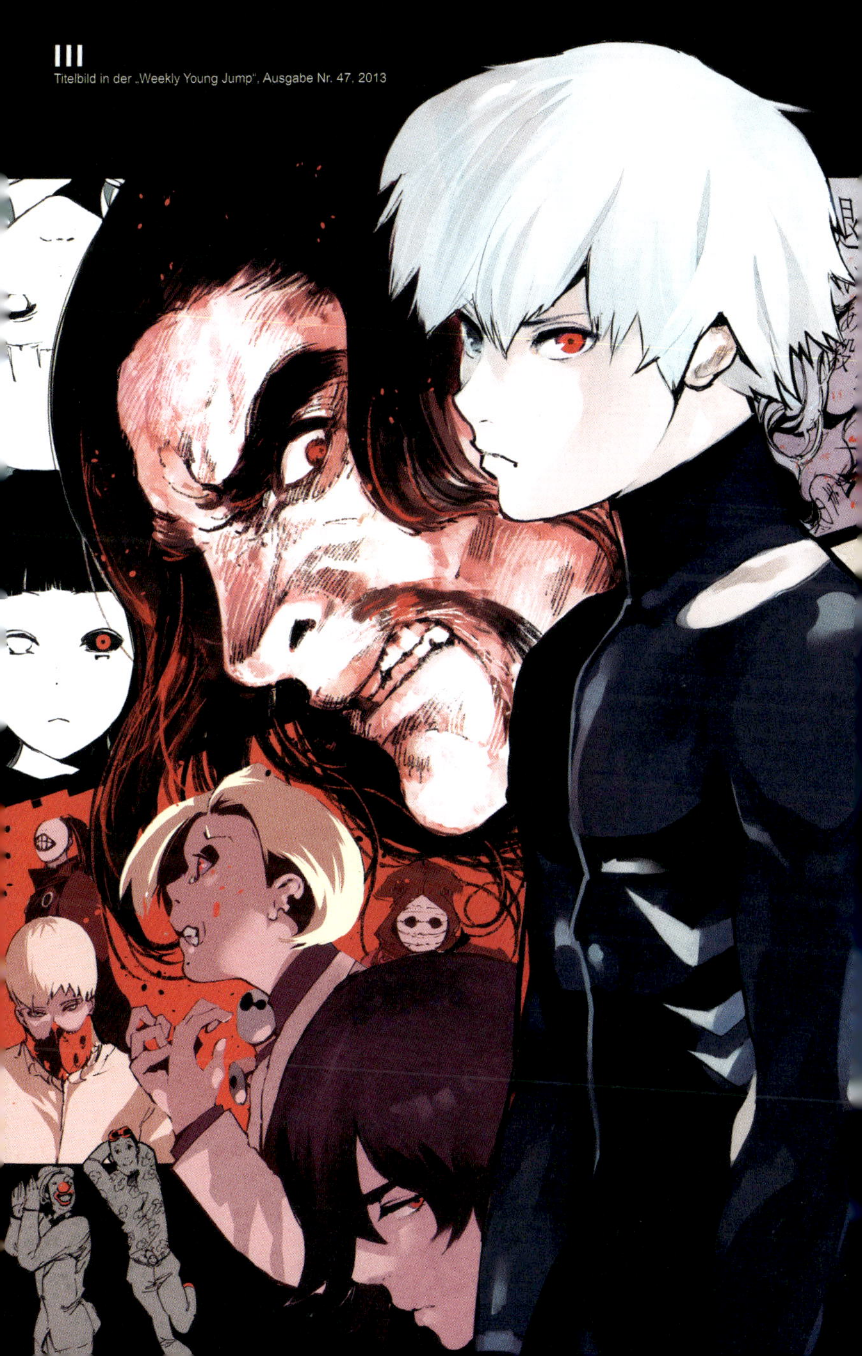

III

Titelbild in der „Weekly Young Jump", Ausgabe Nr. 47, 2013

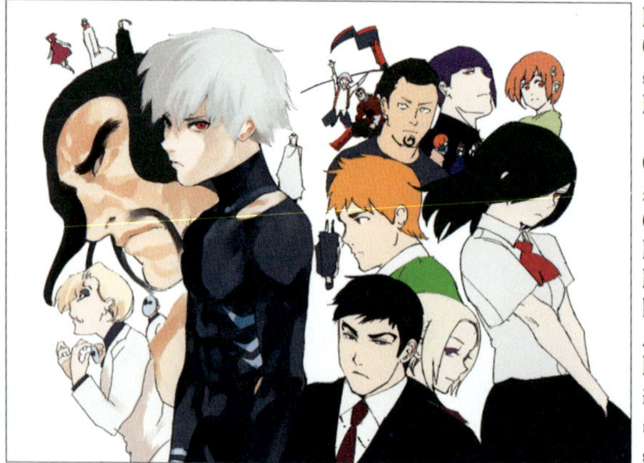

Ein Titelbild für die 100. Folge? Gut, dann male ich ein Bild mit allen Figuren, weil es auch für ein Poster verwendet werden sollte.

Charaktere, die oft auftauchen, zeichne ich zuerst: Die Zwillinge, Orca und Naki. Auf Orcas Kopf füge ich die Anführer vom Phönixbaum hinzu. Danach kommen die Ermittler – Amon, Akira, Shinohara und Juzo ... Kens Freunde im 6. Bezirk darf ich auch nicht vergessen. Toka und Hide male ich lieber gross, auch wenn sie in letzter Zeit selten auftauchen.

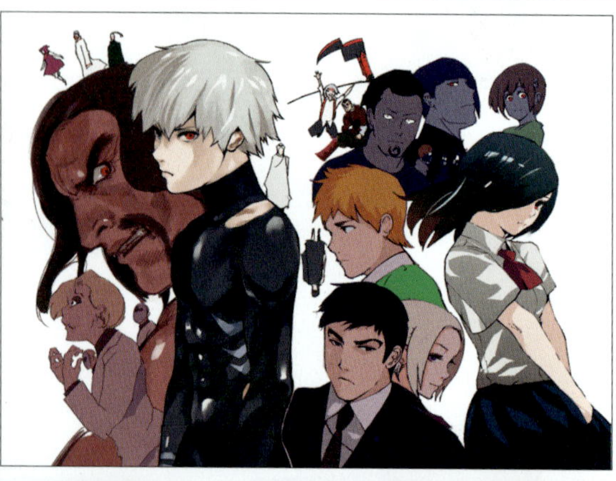

Grob gemalt.

Orcas Kopf ist komisch geworden ...

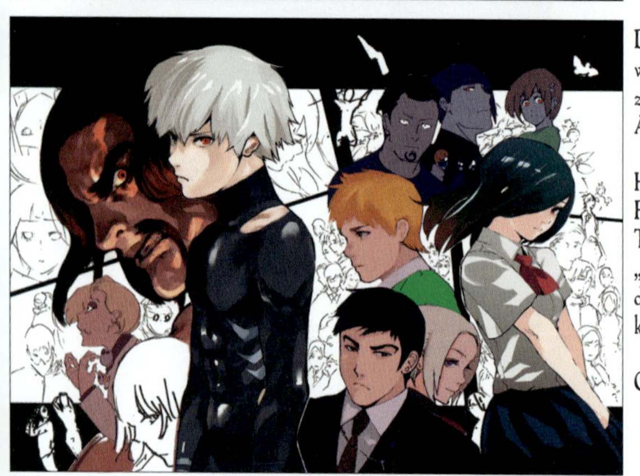

Die drei Anführer werde ich woanders platzieren. Die Zwillinge zeichne ich noch grösser. Liz und Ayato sind auch ganz wichtig.

Hmm, eigentlich gibt's noch mehr Figuren, die ich malen möchte ... Team Antik, CCG-Mitarbeiter, „Feigling" und die Leute von den Clownsmasken. Oh, ich habe keinen Platz mehr für Nishiki ...

Orca wirkt noch dämonischer.

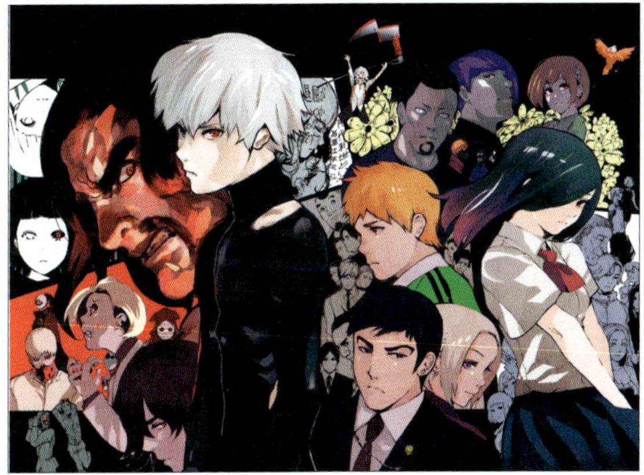

Orca wird immer röter.

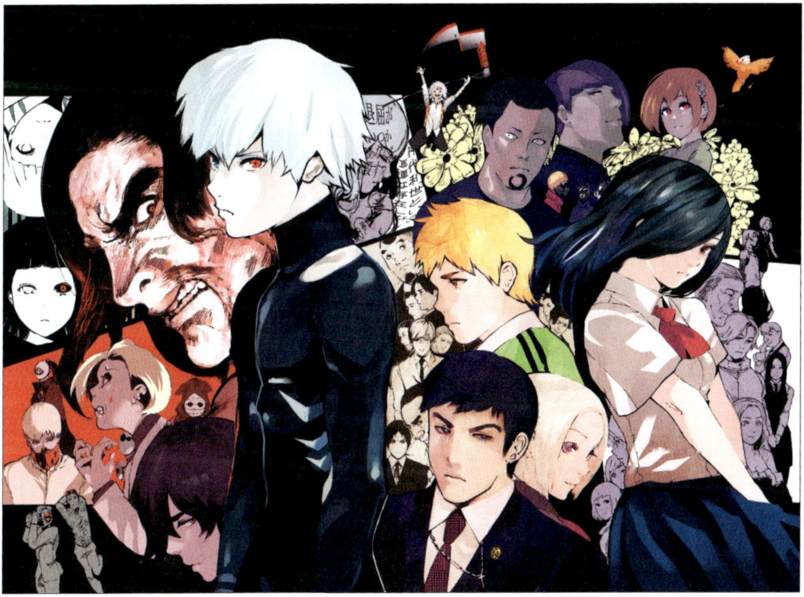

Orca sieht wieder anders aus.
Das Bild ist fertig! (Ich und meine Planung ...)

III

Entwürfe für die „Weekly Young Jump“, Ausgabe Nr. 47, 2013

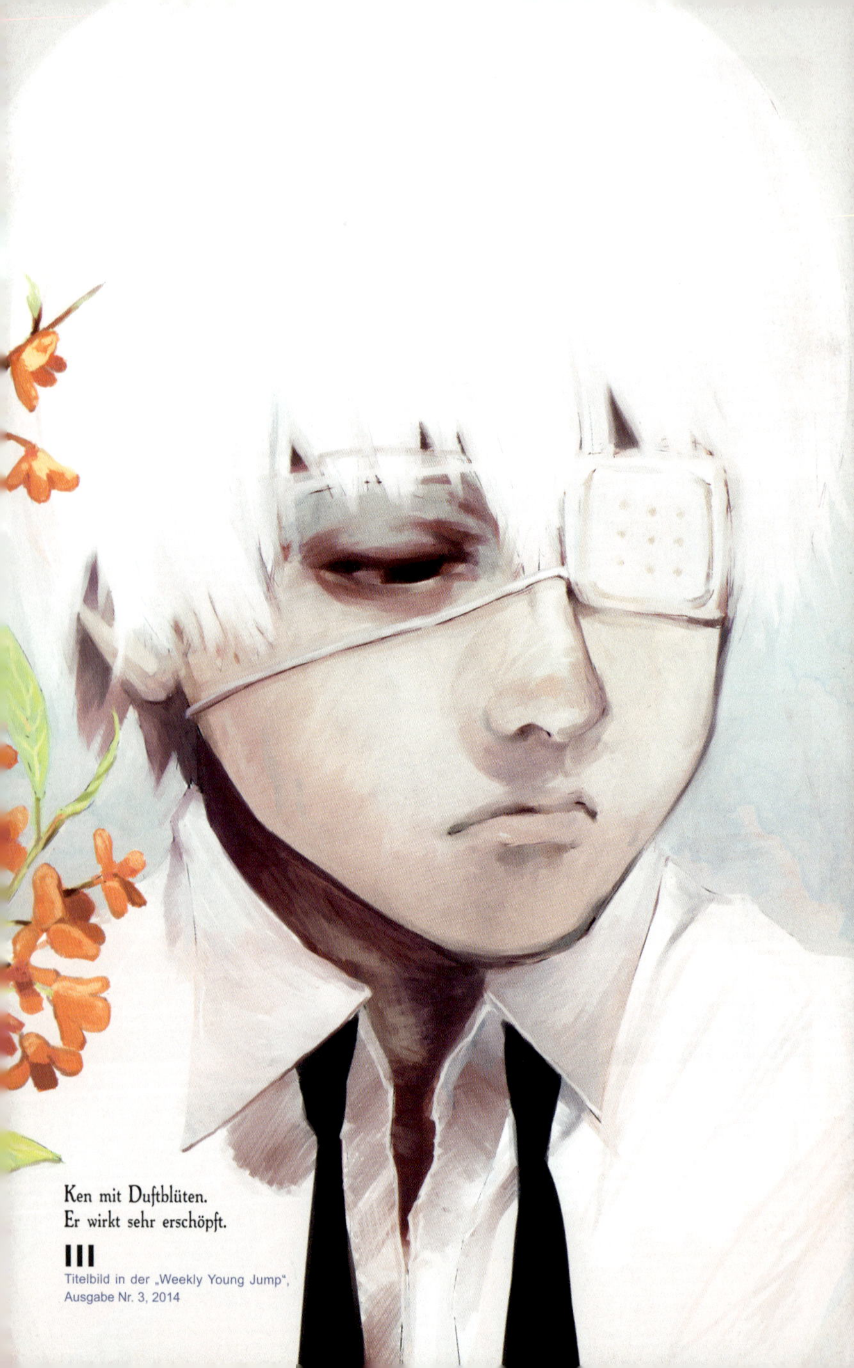

Ken mit Duftblüten.
Er wirkt sehr erschöpft.

III

Titelbild in der „Weekly Young Jump“, Ausgabe Nr. 3, 2014

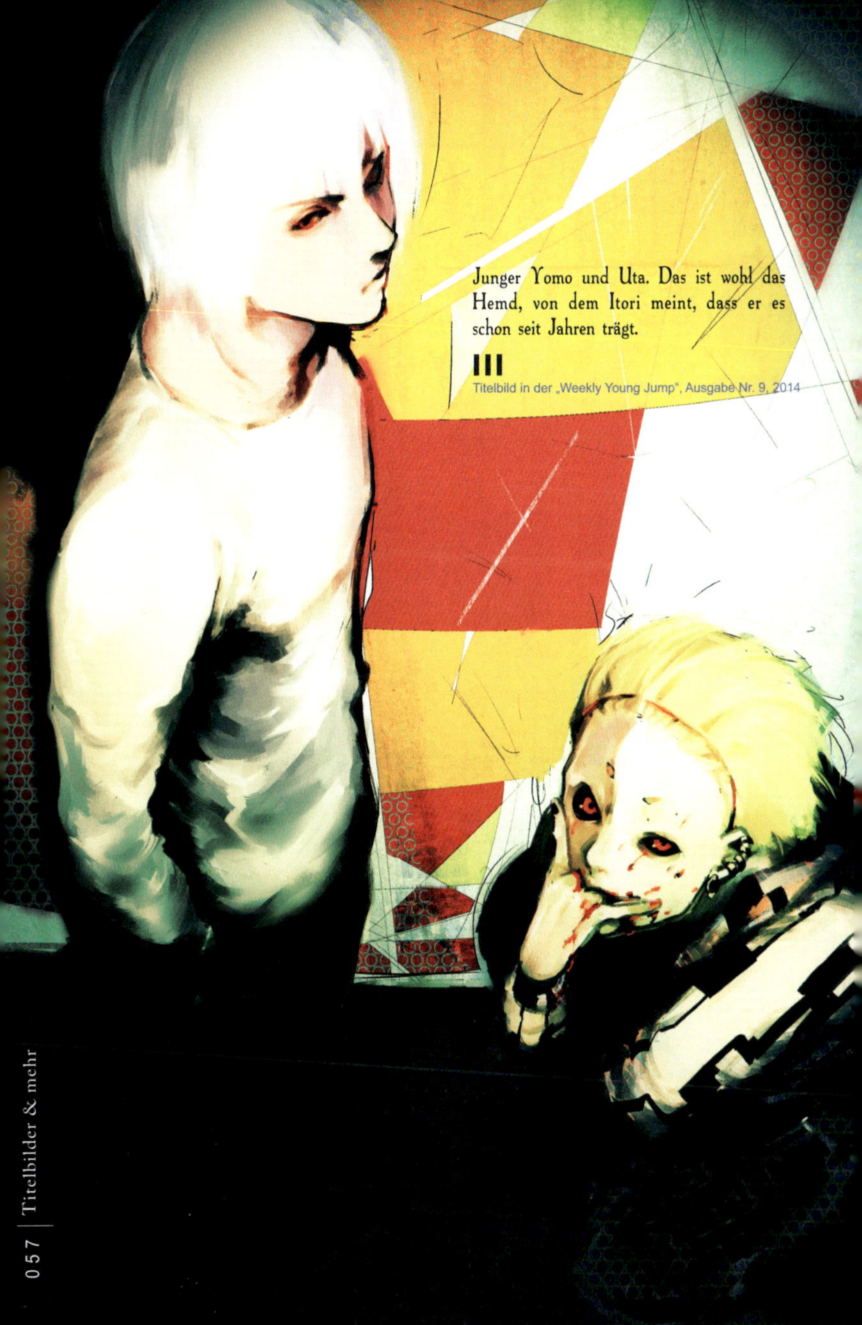

Junger Yomo und Uta. Das ist wohl das Hemd, von dem Itori meint, dass er es schon seit Jahren trägt.

III

Titelbild in der „Weekly Young Jump", Ausgabe Nr. 9, 2014

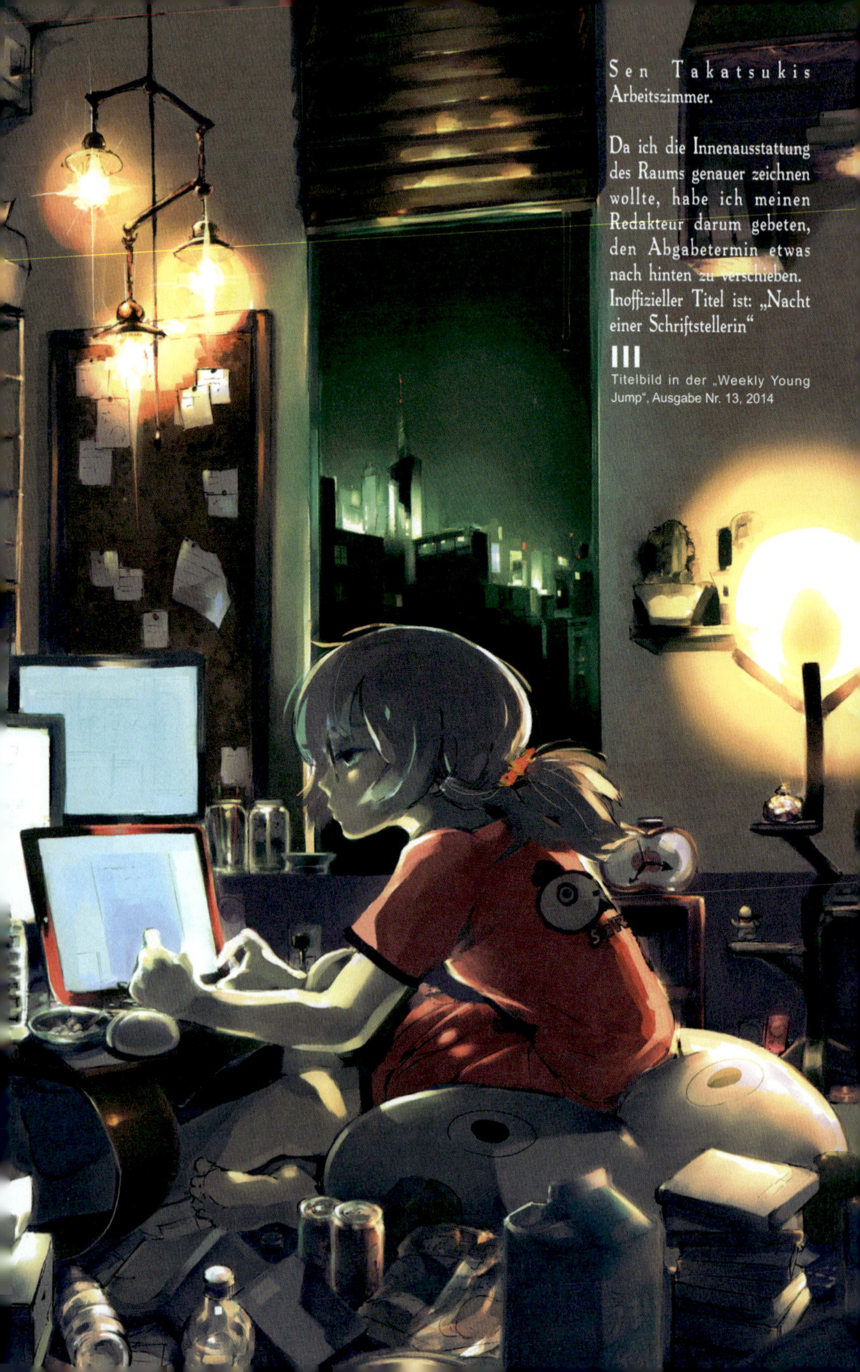

Sen Takatsukis Arbeitszimmer.

Da ich die Innenausstattung des Raums genauer zeichnen wollte, habe ich meinen Redakteur darum gebeten, den Abgabetermin etwas nach hinten zu verschieben. Inoffizieller Titel ist: „Nacht einer Schriftstellerin“

Titelbild in der „Weekly Young Jump“, Ausgabe Nr. 13, 2014

Das Titelbild von #119 [Alte Erinnerungen].

Die Redaktion hat sich einen coolen Spruch für die Titelseite ausgedacht, habe ihn aber leider schon vergessen.

111

Titelbild in der „Weekly Young Jump", Ausgabe Nr. 16, 2014

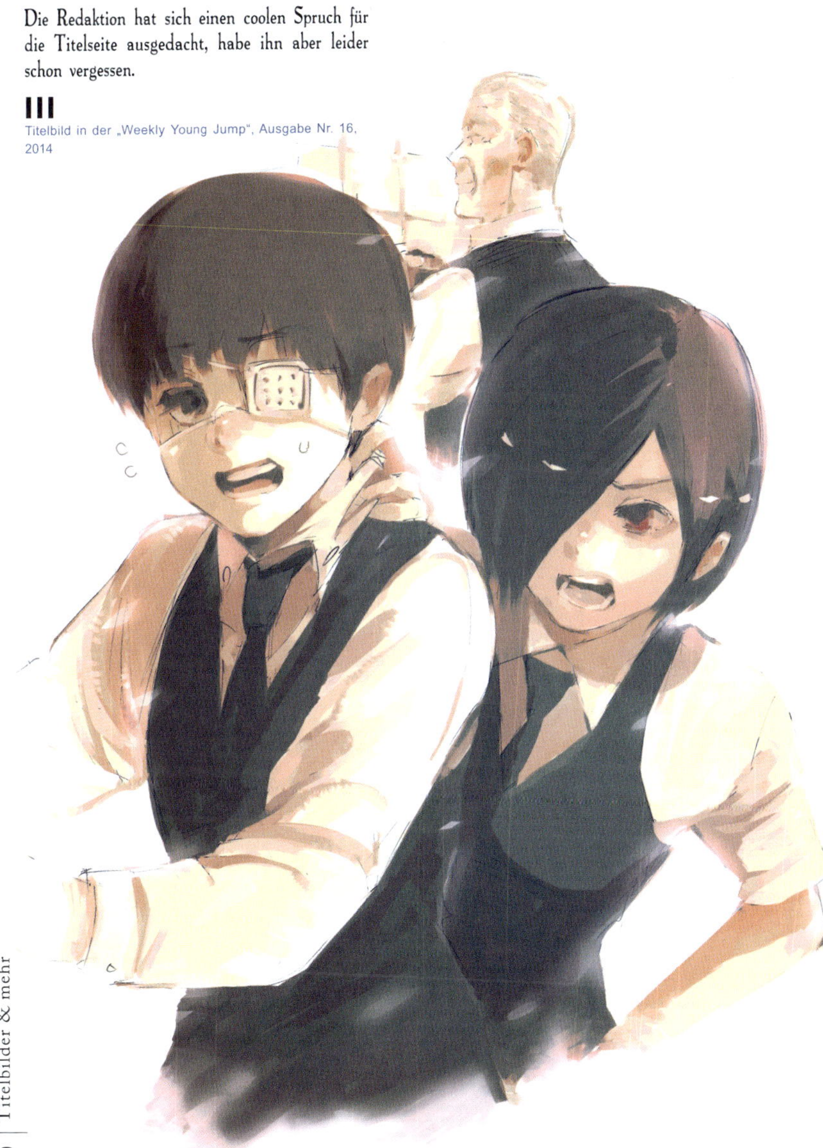

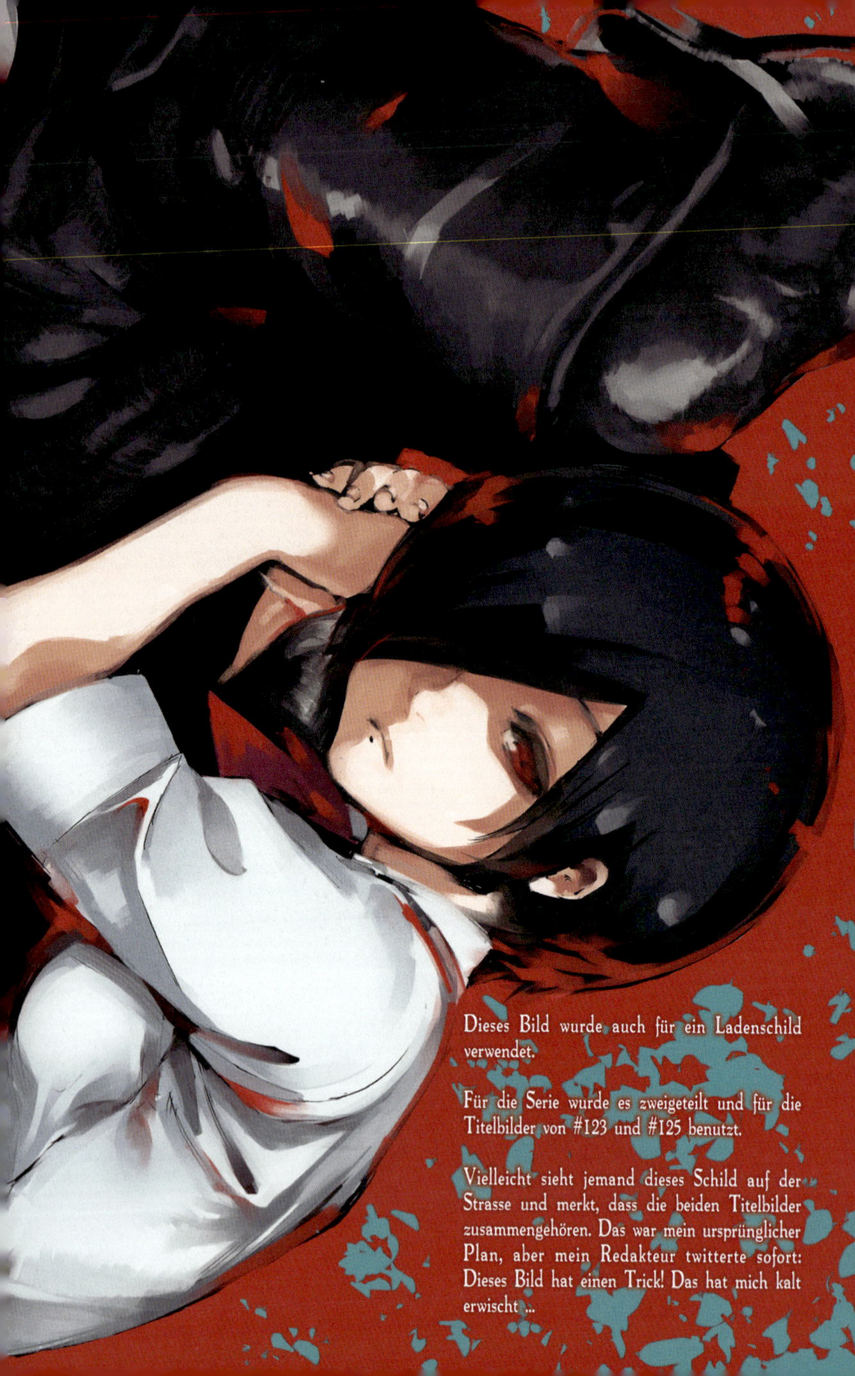
Dieses Bild wurde auch für ein Ladenschild verwendet.
Für die Serie wurde es zweigeteilt und für die Titelbilder von #123 und #125 benutzt.
Vielleicht sieht jemand dieses Schild auf der Strasse und merkt, dass die beiden Titelbilder zusammengehören. Das war mein ursprünglicher Plan, aber mein Redakteur twitterte sofort: Dieses Bild hat einen Trick! Das hat mich kalt erwischt ...

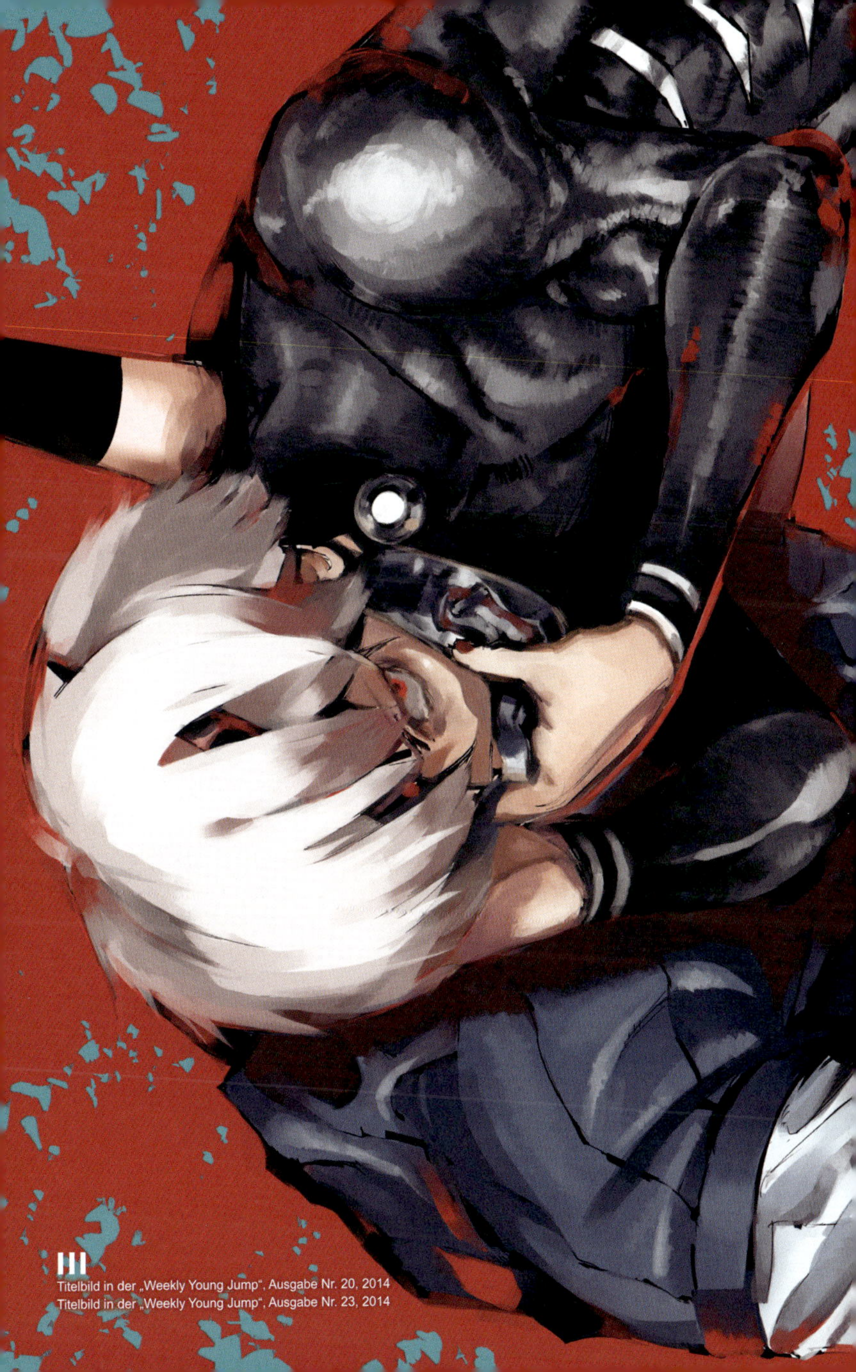

III

Titelbild in der „Weekly Young Jump“, Ausgabe Nr. 20, 2014
Titelbild in der „Weekly Young Jump“, Ausgabe Nr. 23, 2014

Personen, die in seinem Kopf wohnen.

Liz flüstert irgendetwas in sein Ohr und provoziert ihn.

Wieder der kaputte Stuhl vom letzten Mal ...

III

Titelbild in der „Weekly Young Jump“, Ausgabe Nr. 31, 2014

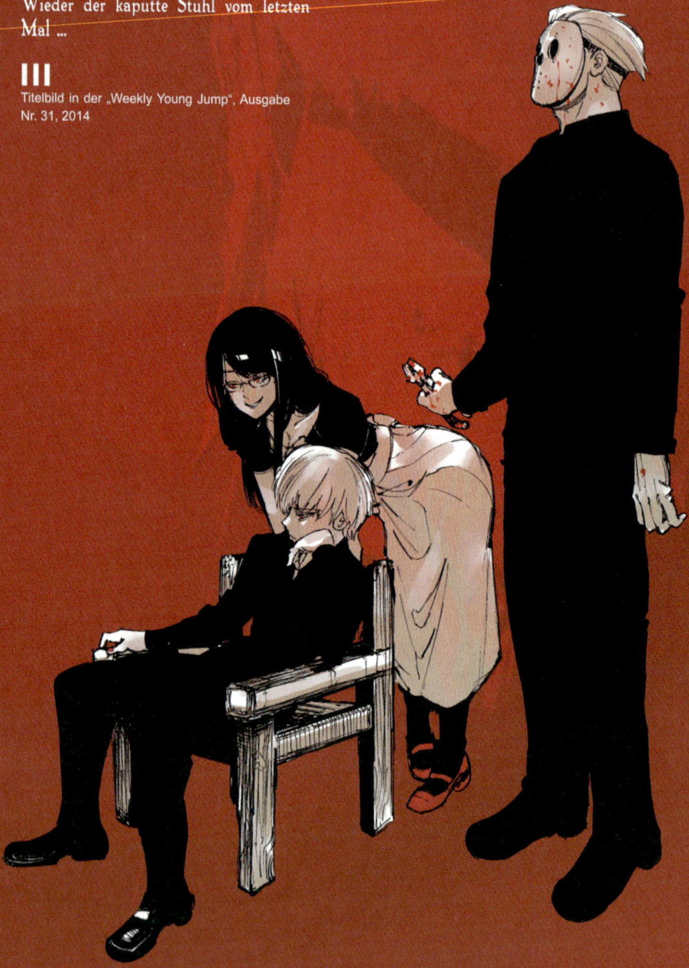

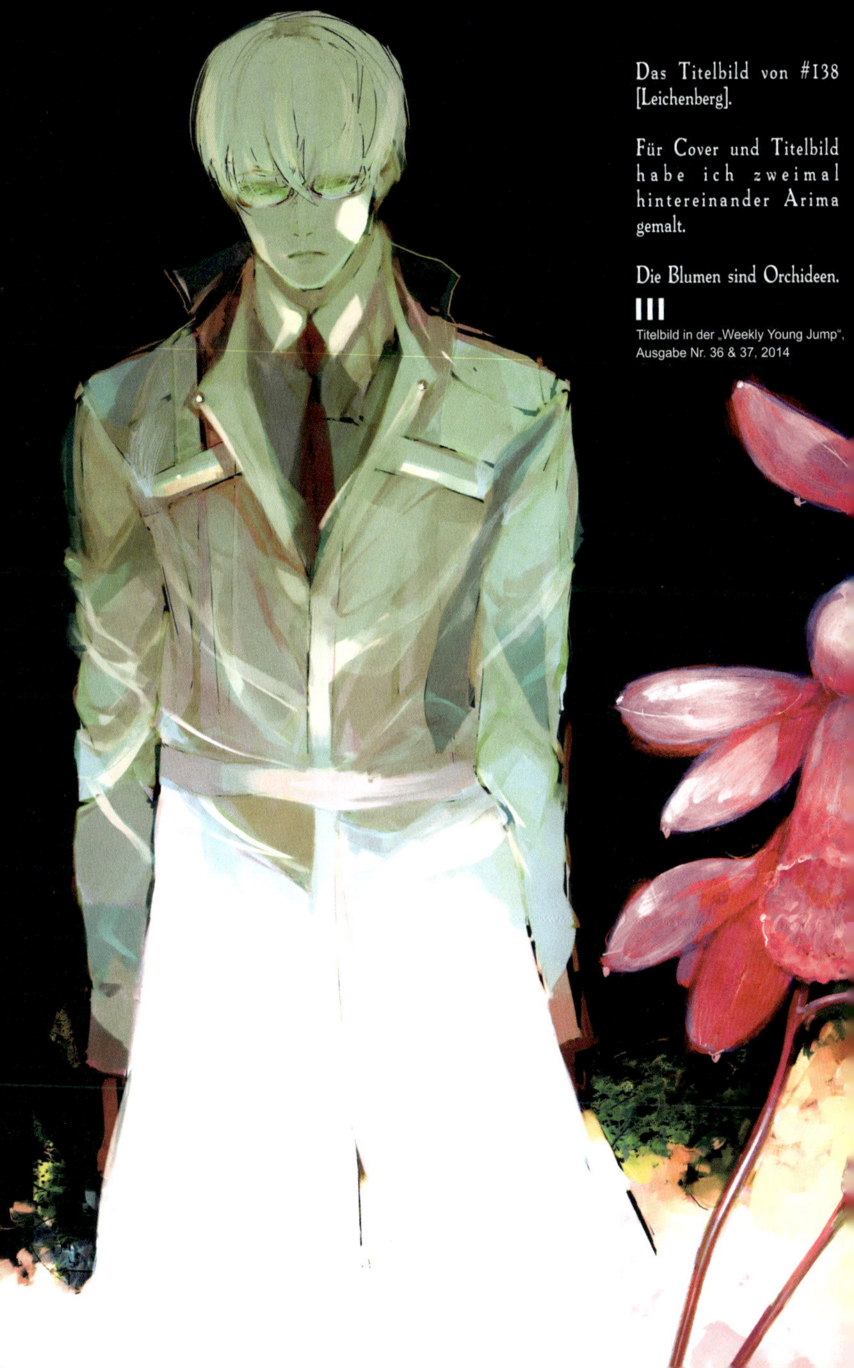

Das Titelbild von #138 [Leichenberg].

Für Cover und Titelbild habe ich zweimal hintereinander Arima gemalt.

Die Blumen sind Orchideen.

III

Titelbild in der „Weekly Young Jump", Ausgabe Nr. 36 & 37, 2014

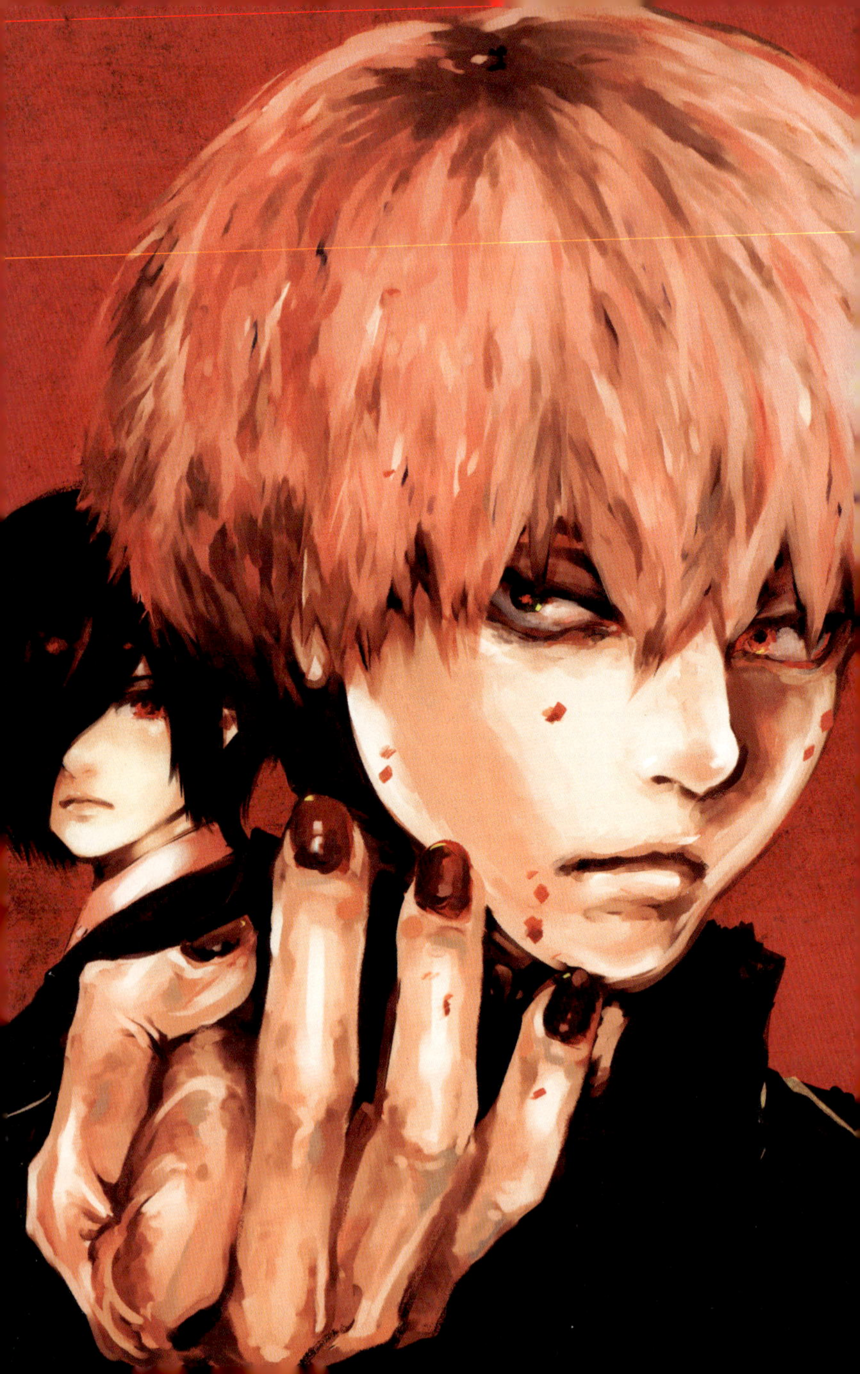

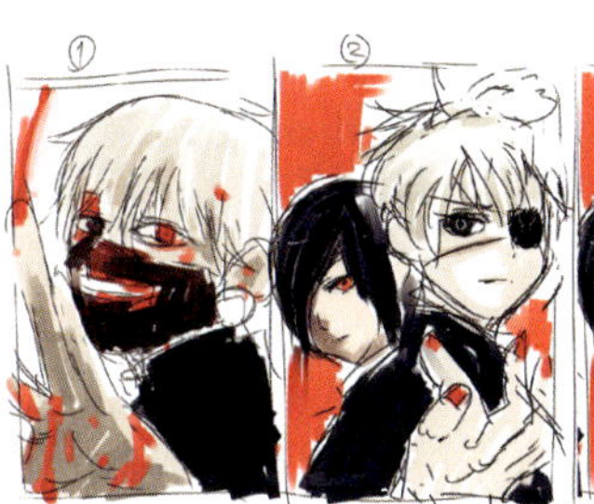
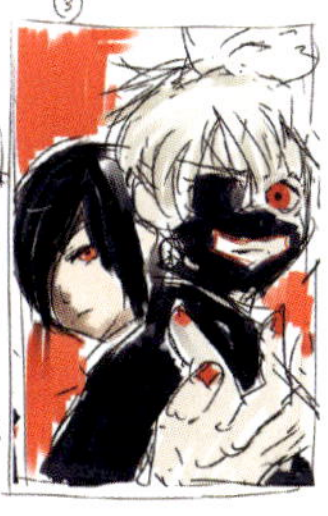
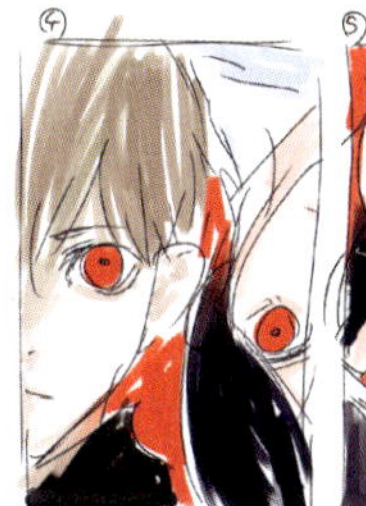
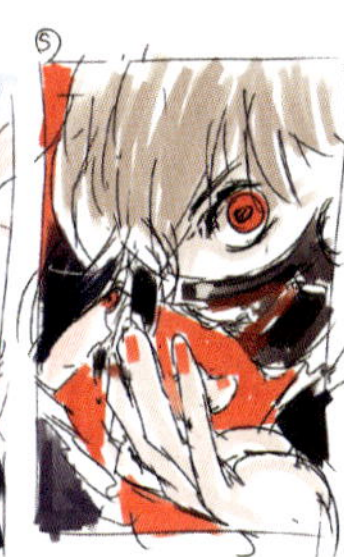
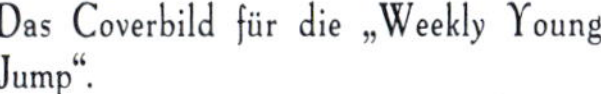

Rechte Seite: Coverbild der „Weekly Young Jump", Ausgabe Nr. 16, 2013
Linke Seite, unten rechts: Coverbild der „Weekly Young Jump", Ausgabe Nr. 3, 2014
Linke Seite, unten links: Coverbild der „Weekly Young Jump", Ausgabe Nr. 24, 2014

Das Coverbild für die „Weekly Young Jump".
Ein Coverbild für ein Manga-Magazin habe ich noch nie gemalt. Daher habe ich meiner Redaktion die oberen Exemplare geschickt und sie entscheiden lassen, welches sie haben wollen. Letztendlich haben wir uns für die Nr. 2 (aber ohne Augenklappe) entschieden. Ich persönlich finde die Nr. 4 auch nicht schlecht.

Die unteren Bilder habe ich mit den anderen Autoren zusammen für ein Cover gemalt. Auf der Tasse des rechten Bildes ist eine kleine Kakerlake drauf, weil es ein gemeinsames Projekt mit „Terra Formars" war. Herr Tachibana, der Autor vom „Terra Formars", malte dafür eine Hasenfigur, die Toka liebt. Das war lustig.

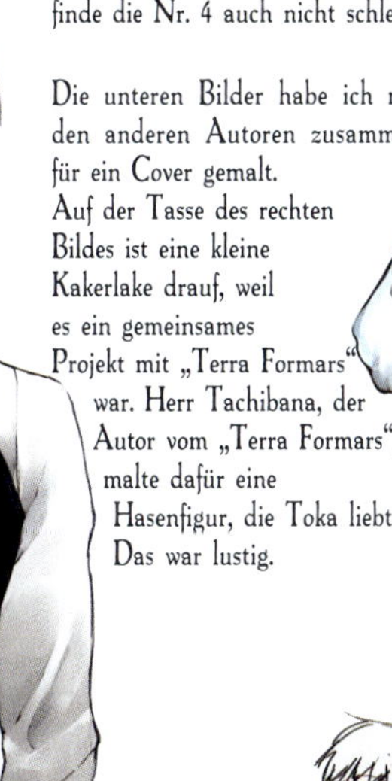

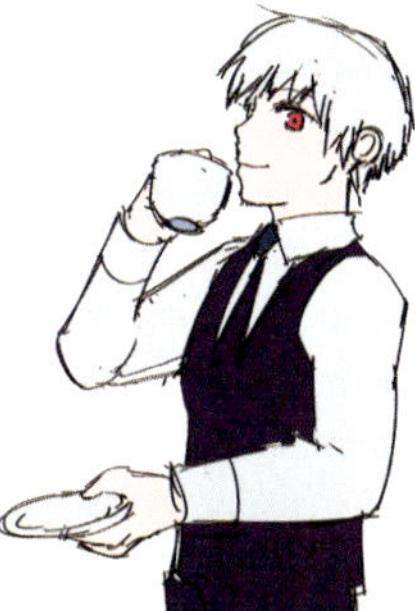

Ein Entwurf für das obere Bil[d]. Seine Körperhaltung habe [ich] leicht geändert.

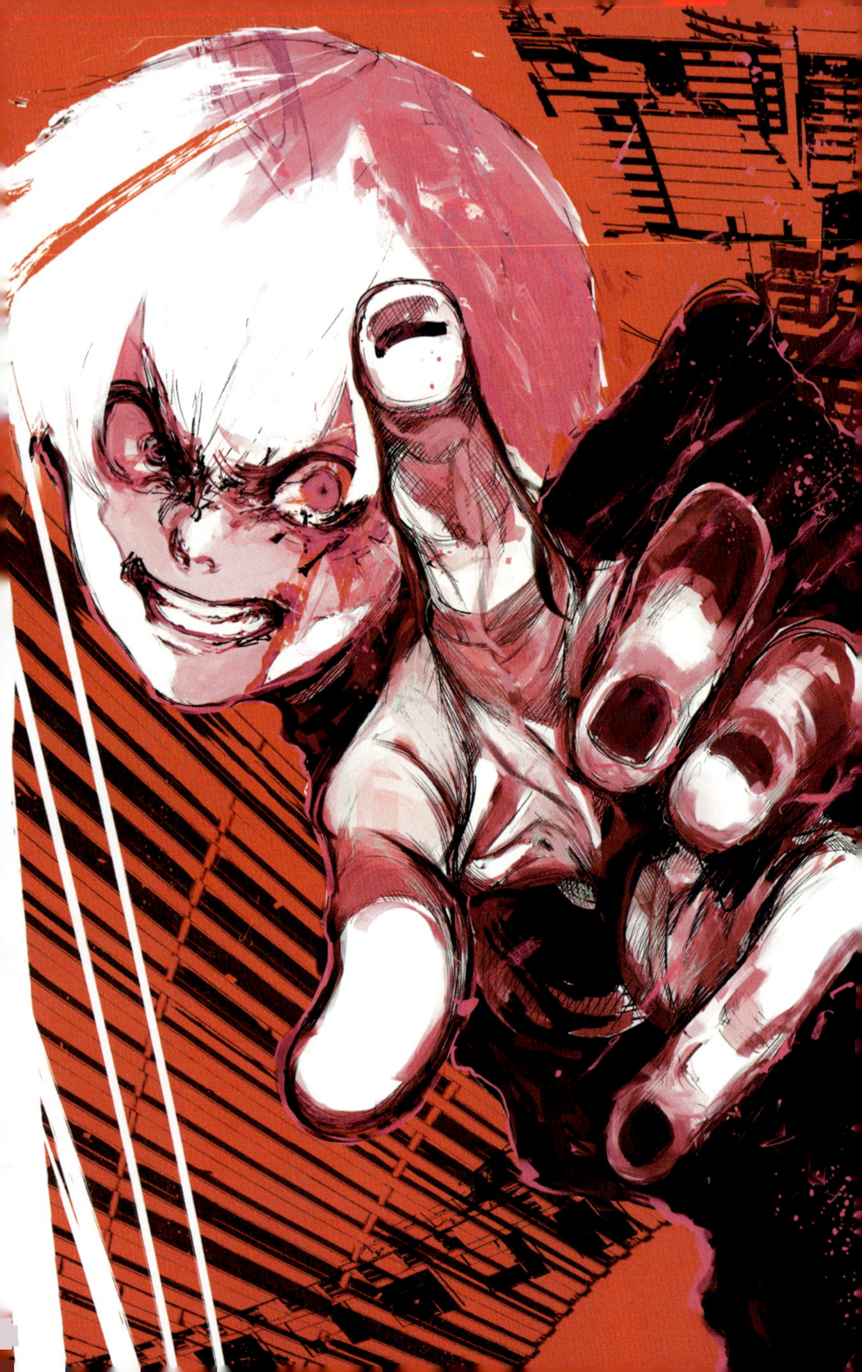

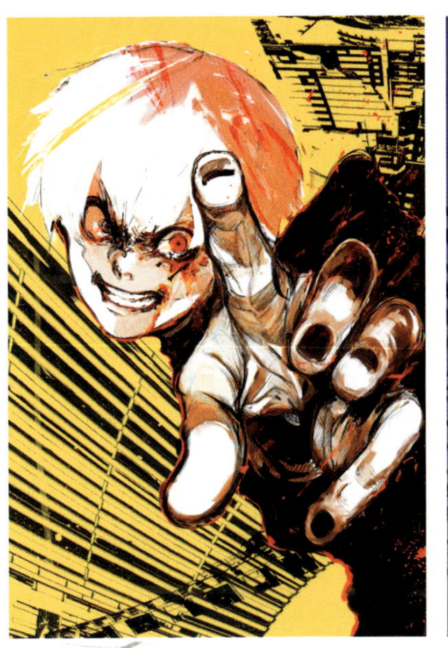

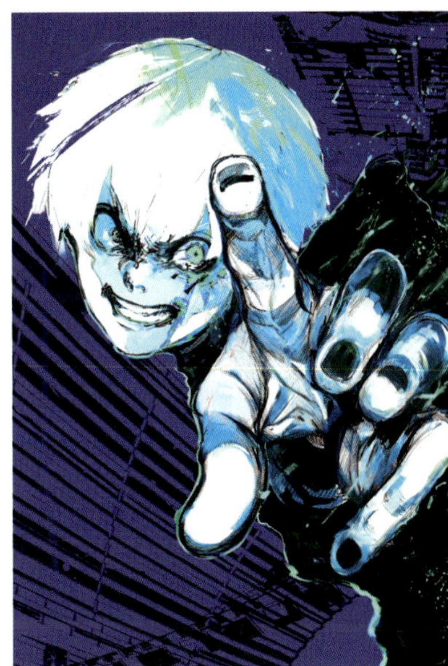

Das zweite Coverbild für die „Weekly Young Jump".

Der Anime hat zu dieser Zeit angefangen, glaub ich. Für die Farben entscheide ich mich meistens erst, nachdem ich alle Linien gezeichnet habe. Ich wähle oft Rot aus.

Ein gelber Hintergrund hätte zu dem Bild auch gepasst, aber am Ende habe ich ihn knallrot gemalt.

III

Coverbild der „Weekly Young Jump", Ausgabe Nr. 31, 2014

Diesmal wollte ich mal nur Mädels in einem anderen Stil zeichnen.

III

Bonusbild in der „Young Jump Seed“, Ausgabe Nr. 11, 2013

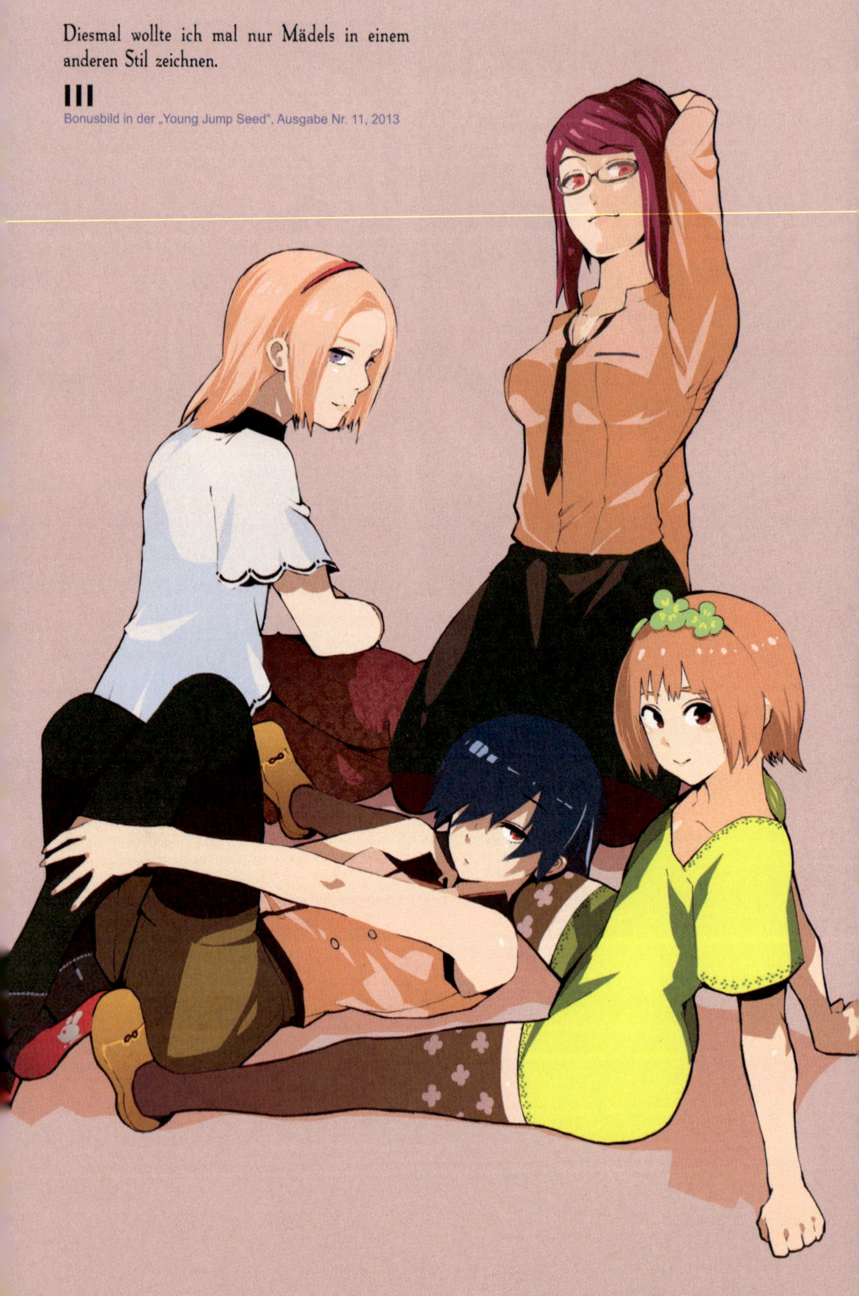

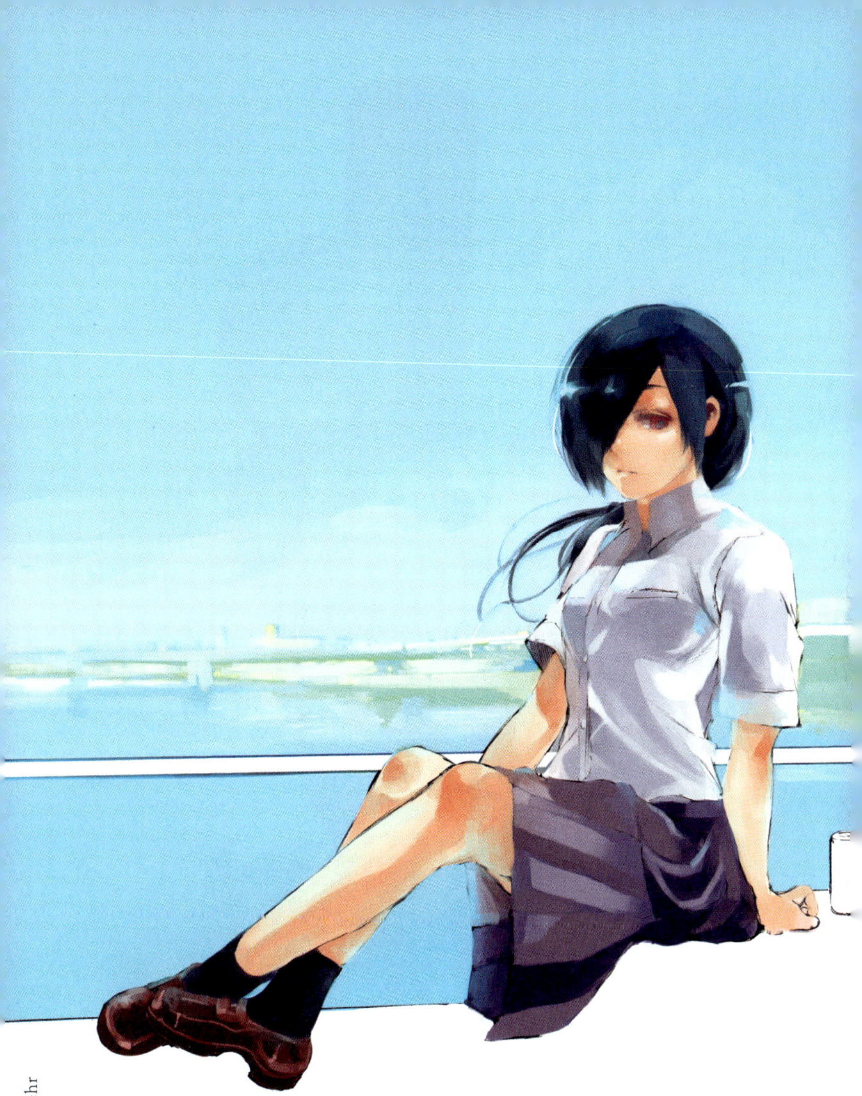

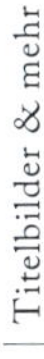

Coverbild der „Miracle Jump“ mit sommerlichem Flair.

III

Coverbild der „Miracle Jump“, Ausgabe July, 2014

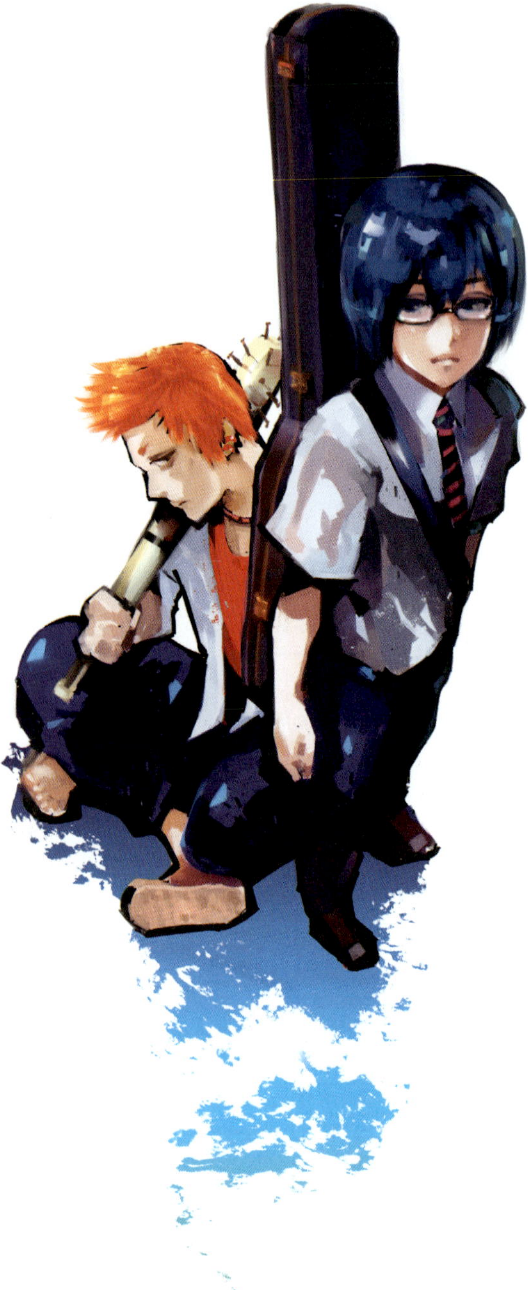

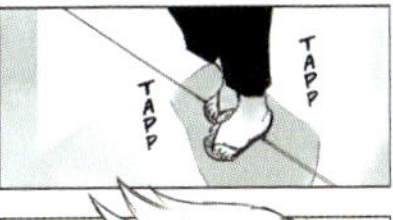

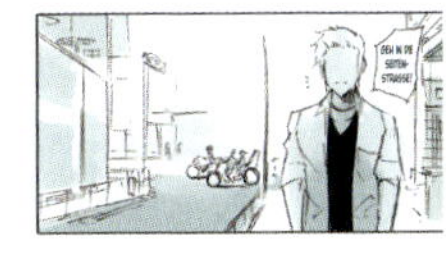

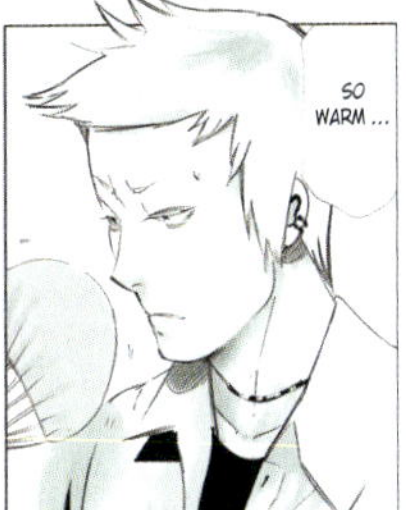

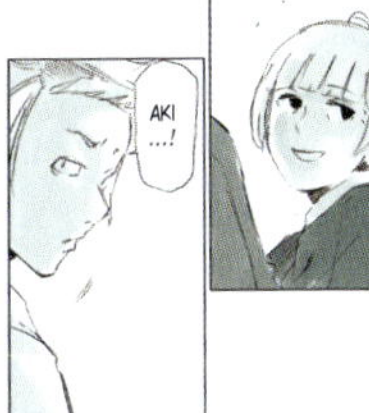

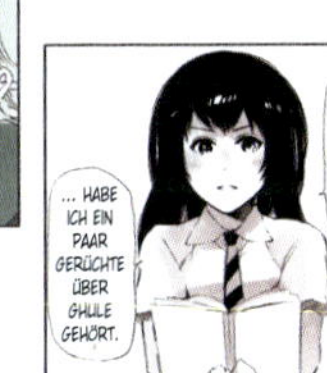

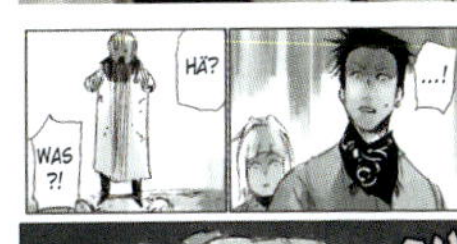

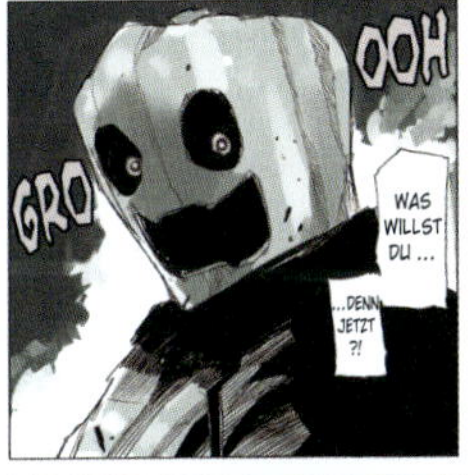

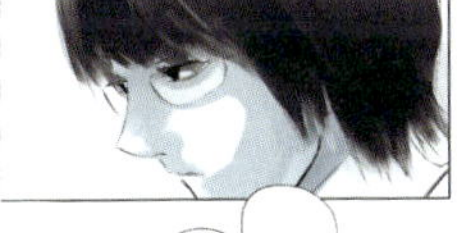

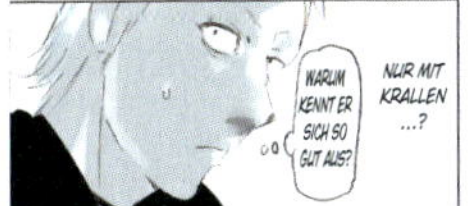

Das Coverbild von Tokyo Ghoul [Jack]

Im Sommer 2013 habe ich in der Manga-App „Jump LIVE“ ein Spin-off veröffentlicht.

Die Story handelt von der Schulzeit von Arima und seinem Freund Taishi Fura. Da ich diesen App-Manga parallel zu meiner Serie gezeichnet habe, musste ich nach der Abgabe sofort mit ihm anfangen.

Zum Glück durfte ich etwas lockerer malen und konnte in meinem eigenen Tempo arbeiten, da ich dafür keinen Assistenten gebraucht habe.

Veröffentlicht in „Jump LIVE“, erste Ausgabe, 2013

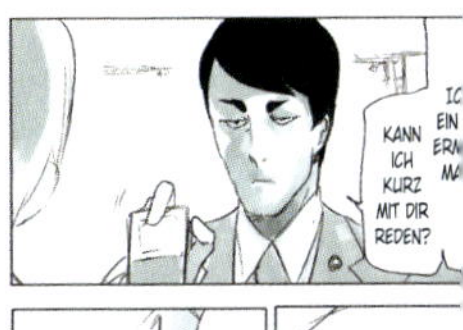

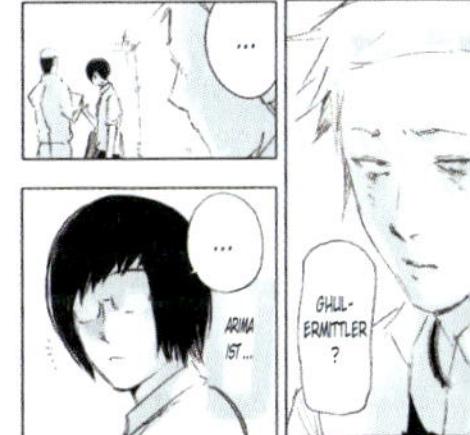

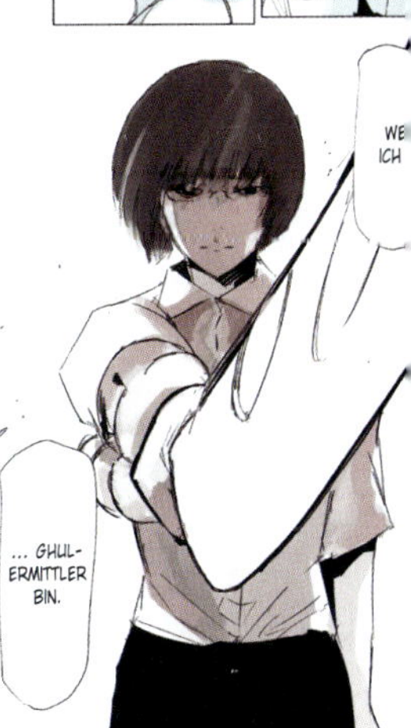

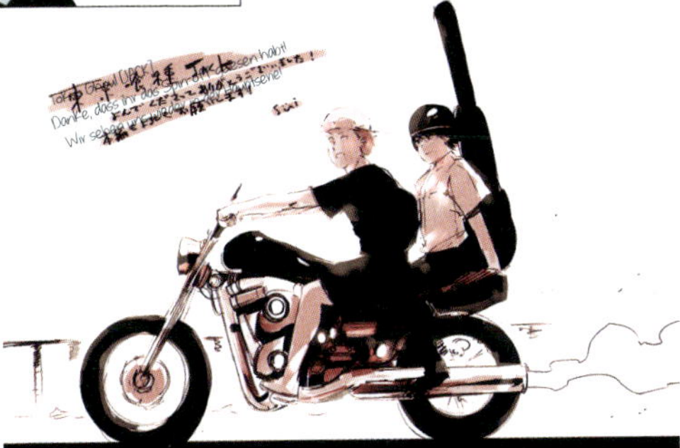

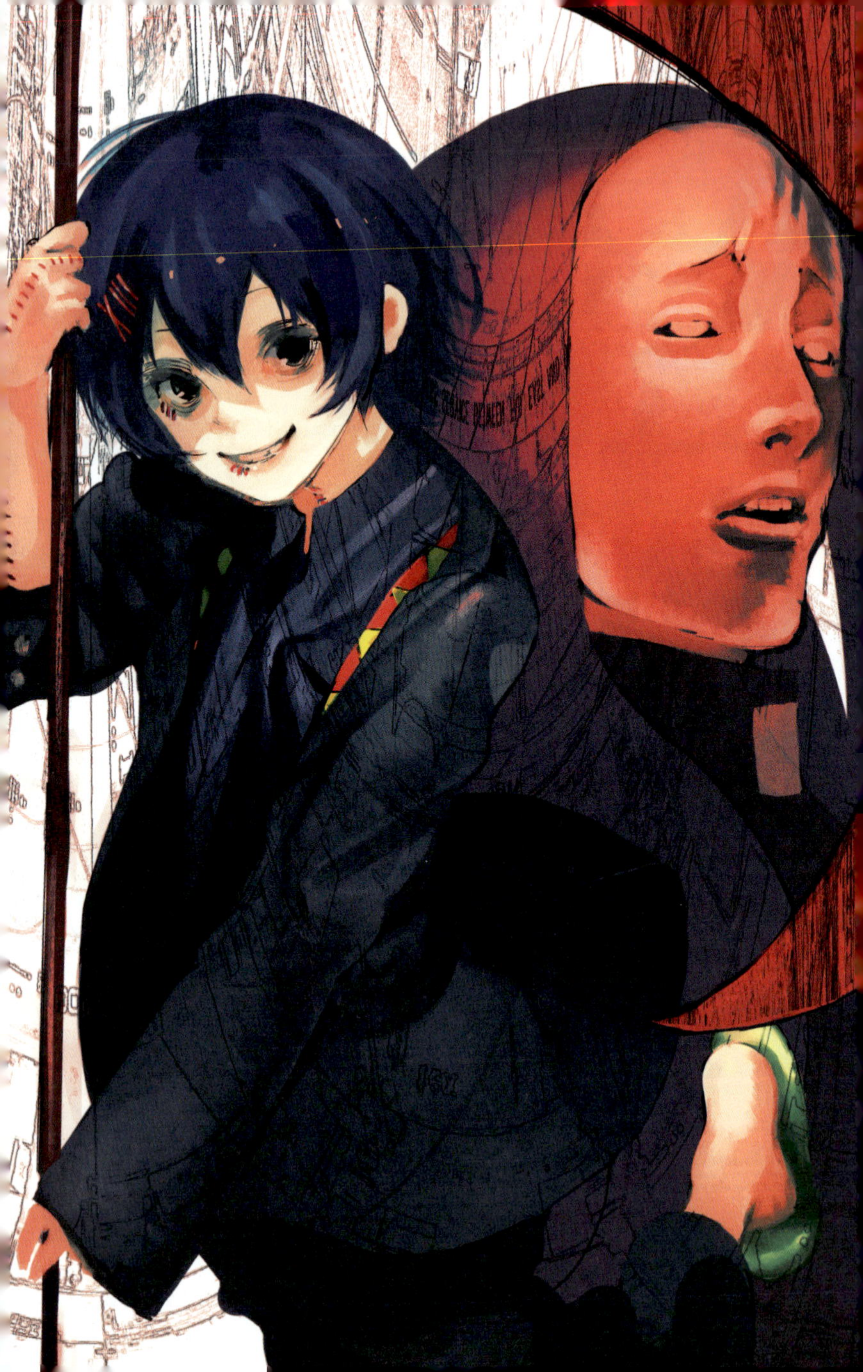

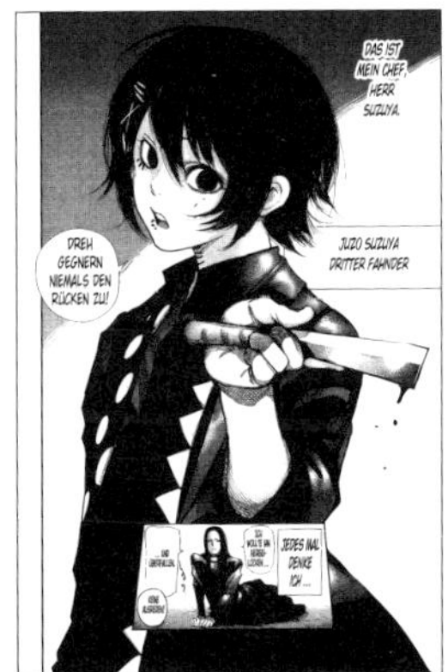

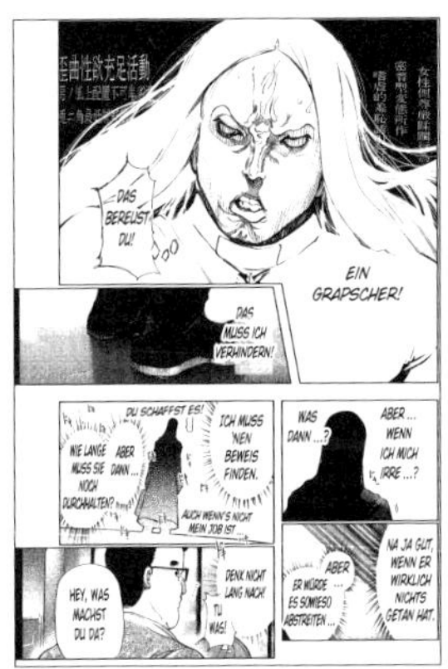

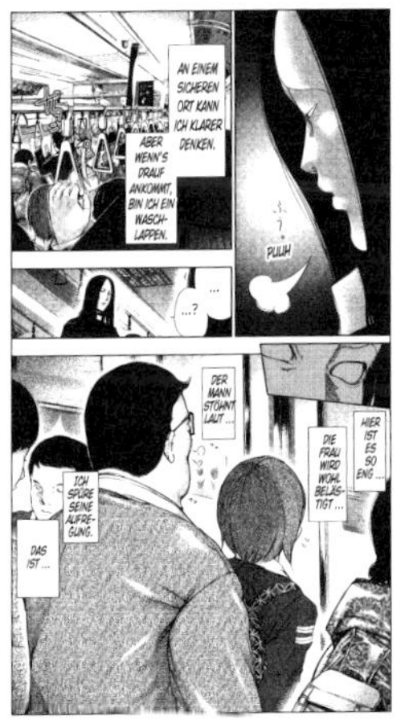

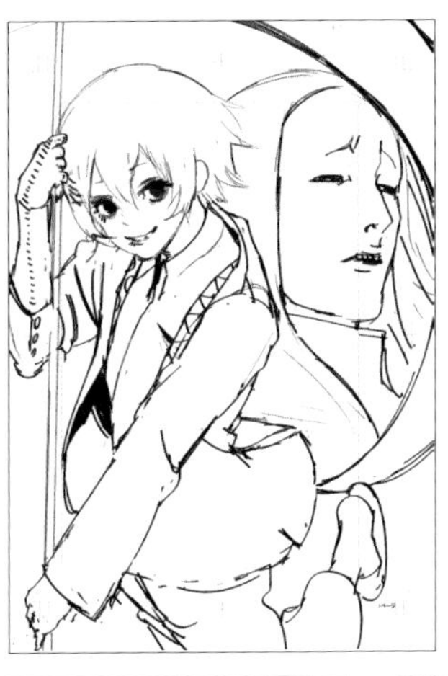

Das Coverbild von „Tokyo Ghoul [JOKER]"

Es war ein Spin-off, das 2014 in der „Weekly Shonen Jump" veröffentlicht wurde. Die Hauptfiguren sind Juzo Suzuya und sein Kollege Hanbe Abara. Ich war sehr stolz darauf, dass mein Manga zusammen mit der Serie von Herrn Yoshihiro Togashi veröffentlicht wurde. Jemand, den ich sehr respektiere.

Coverbild und Manga in der „Weekly Shonen Jump", Ausgabe 31, 2014

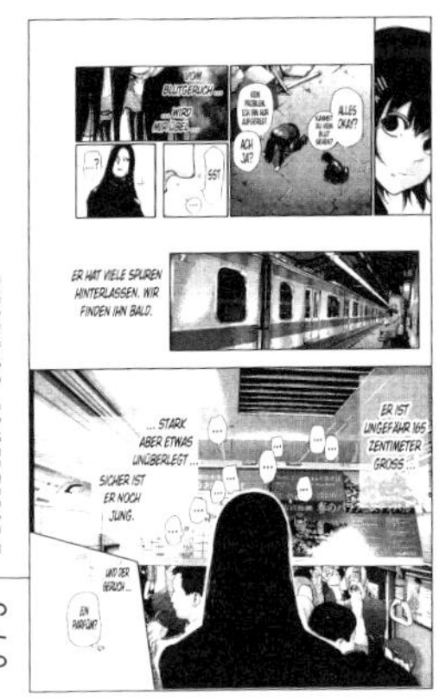

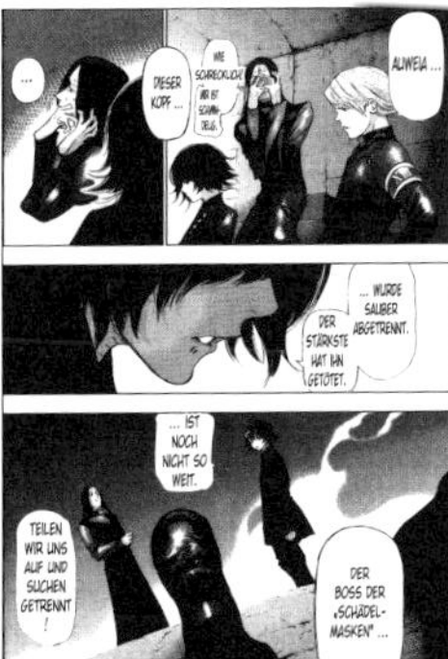

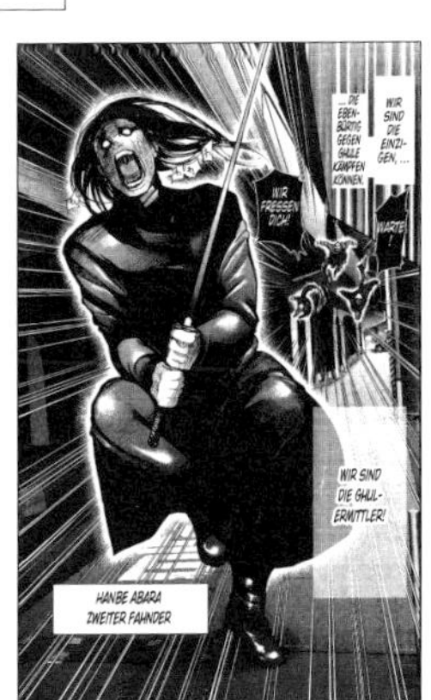

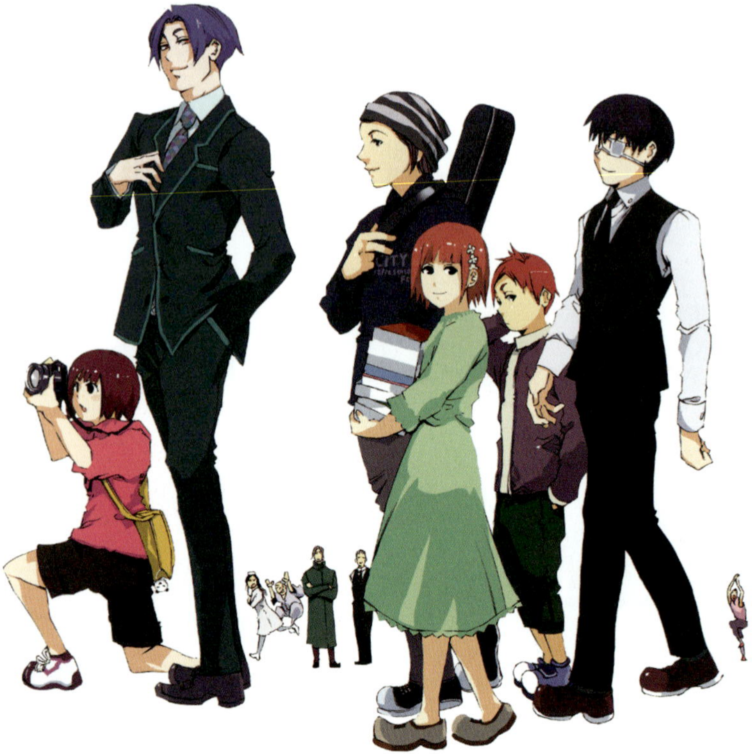

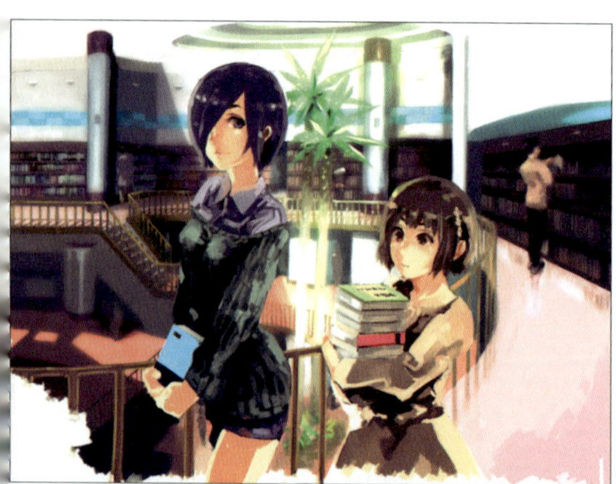

Das Coverbild der Light Novel „Tokyo Ghoul [Alltag]“

Ich wollte mal einen anderen Stil probieren und habe klare Farben benutzt. Hides Jacke habe ich neonfarben gemalt, sieht man aber leider auf dem Papier nicht so gut.

Der Zauberwürfel gefällt mir.

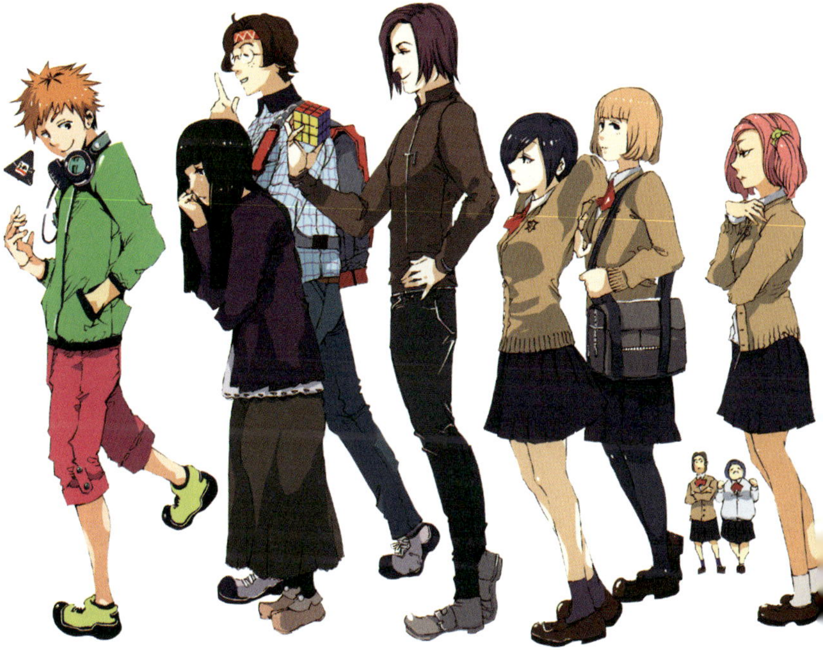

Die Beiden rechts sind aus einem Bonusbild für die Light Novel.

Das schwarz-weisse Bild war ein erneuter Versuch für das Titelbild von #026 [Der Gegner].

III

Cover- und Bonusbilder von der Light Novel „Tokyo Ghoul [Alltag]“, 2013

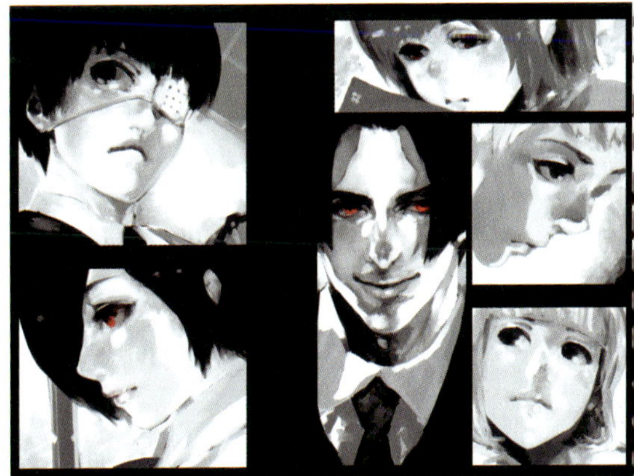

Die klaren Farben vom letzten Band [Alltag] haben mir doch nicht gefallen. Daher habe ich bei [Leere] in einem milderen Ton gemalt.

Von den Figuren gefällt mir besonders Morimine.

Möchte Chie etwa Kens Hintern fotografieren? Da sie eine meiner Lieblingsfiguren war, habe ich Herrn Towada – den Autor der Light Novel „Tokyo Ghoul" – darum gebeten, eine Episode über sie zu schreiben. Ich habe seine Geschichte gelesen und bei manchen Stellen Vorschläge gemacht.

Ich bewundere immer, dass er über eine Welt, die ich mir ausgedacht habe, so viele kreative Geschichten schreiben kann.

III

Cover- und Bonusbilder von der Light Novel „Tokyo Ghoul [Leere]", 2014

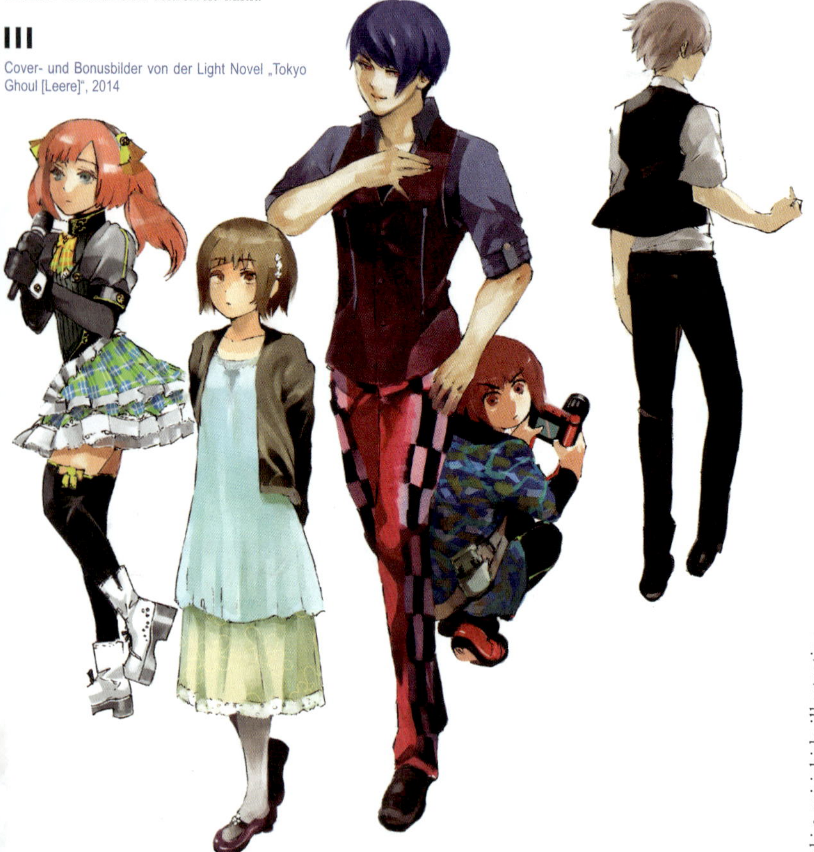

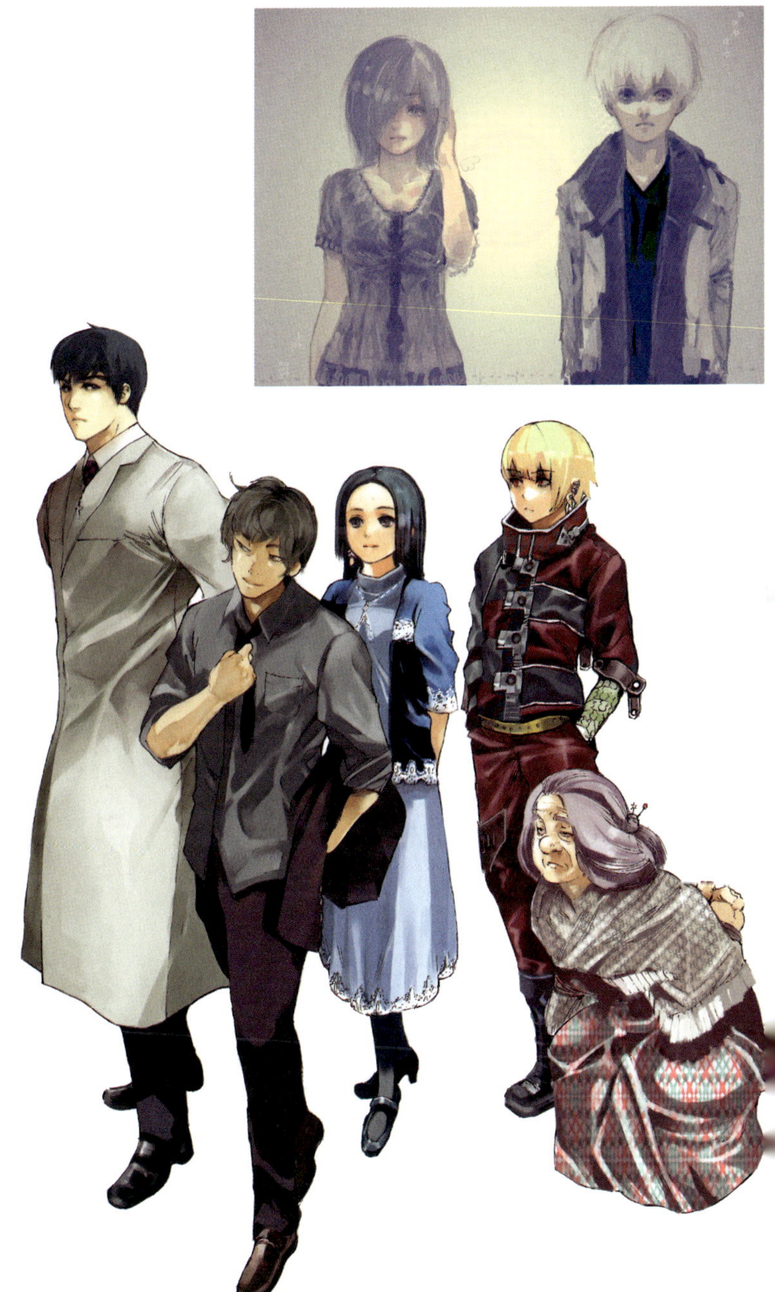

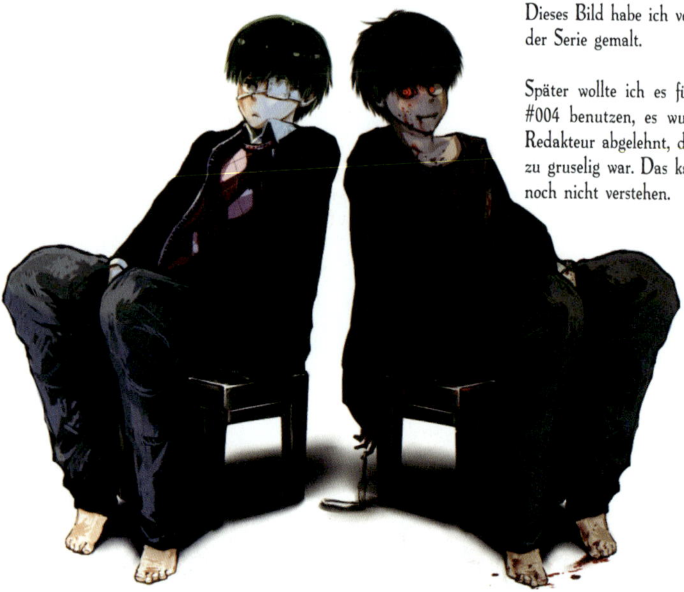

Dieses Bild habe ich vor dem Beginn der Serie gemalt.

Später wollte ich es für das Kapitel #004 benutzen, es wurde aber vom Redakteur abgelehnt, da es angeblich zu gruselig war. Das kann ich immer noch nicht verstehen.

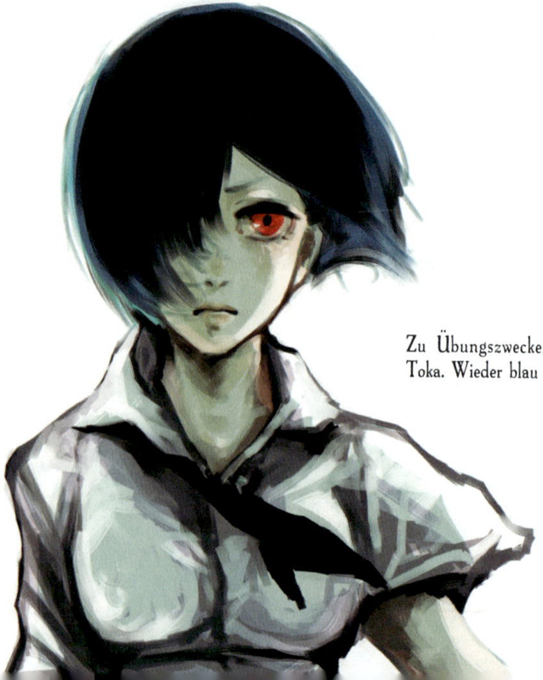

Zu Übungszwecken gezeichnete Toka. Wieder blau geworden.

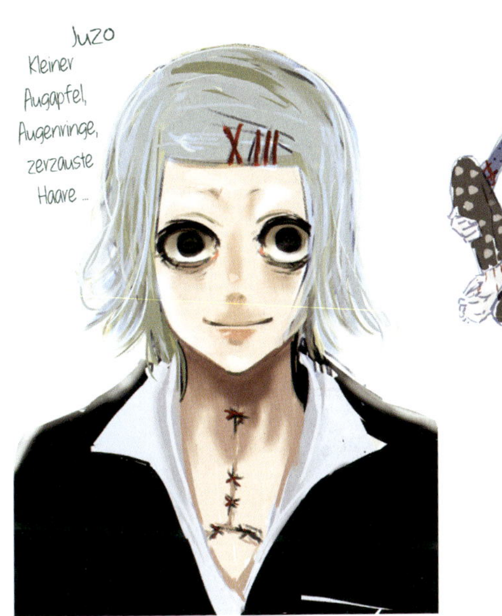

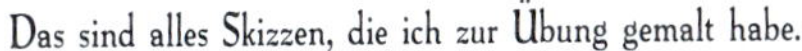

Das sind alles Skizzen, die ich zur Übung gemalt habe.

In einem Storyboard, das ich vor dem Serienbeginn gezeichnet habe, tritt er mit Shinohara zusammen auf.

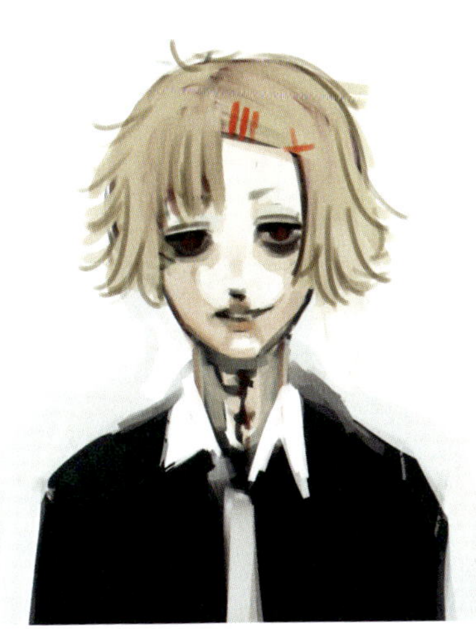

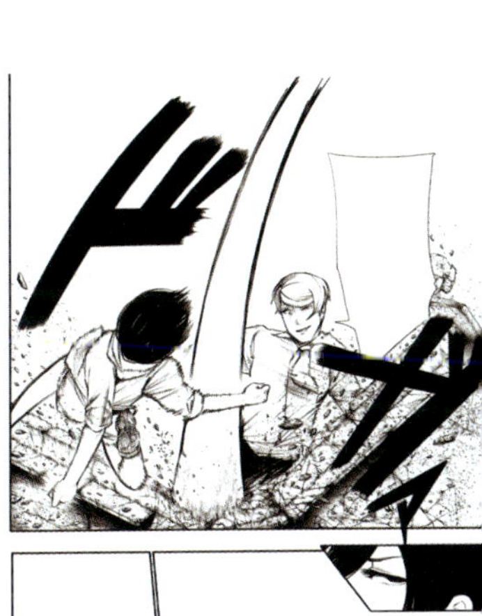

Schon zu dieser Zeit habe ich Juzo geübt.

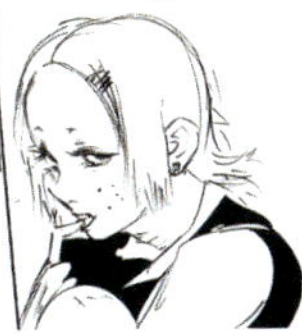

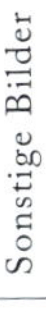
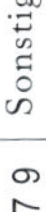

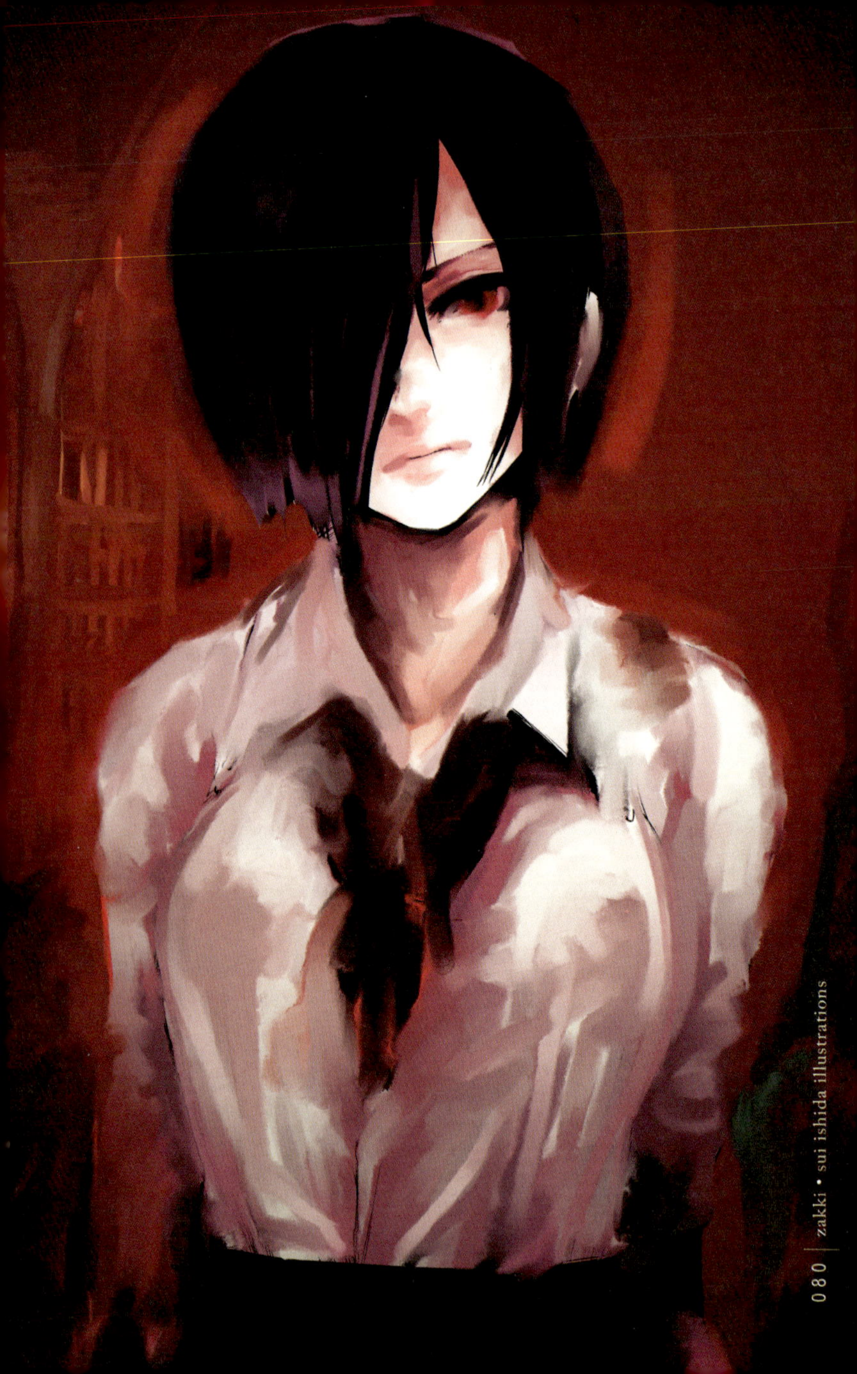

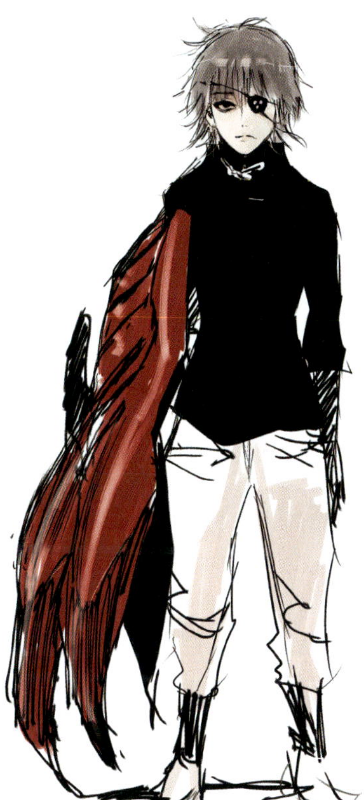

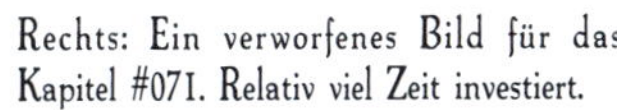

Rechts: Ein verworfenes Bild für das Kapitel #071. Relativ viel Zeit investiert.

Links: Eine Übung. In der Zeit von #050 gemalt.

Unten: Nebenbei gekritzelt.

Unten links: Entwurf für eine Postkarte, die beim Erscheinen von Band 7 in manchen Buchhandlungen verteilt wurde. Ich habe sie nicht genommen, da die Figuren zu eng platziert waren. Aber die Idee habe ich später beim Coverbild auf Seite 60 und 61 weiter verwendet.

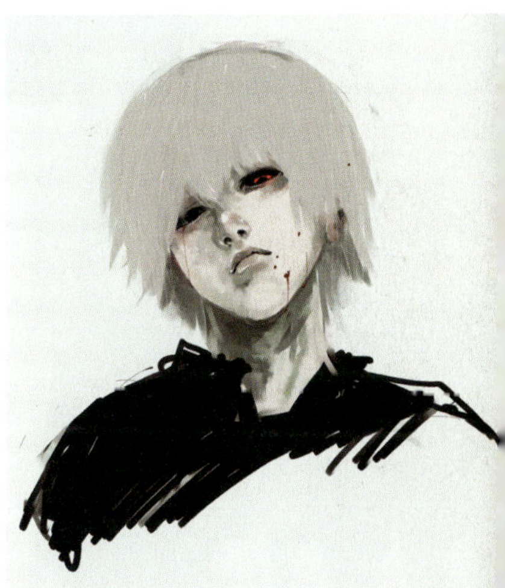

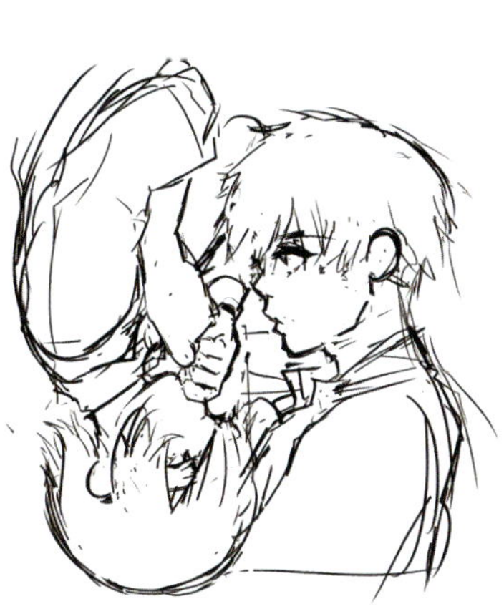

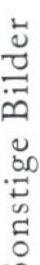

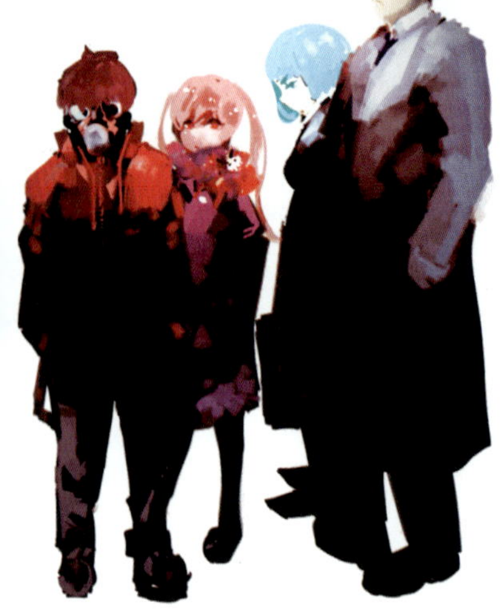

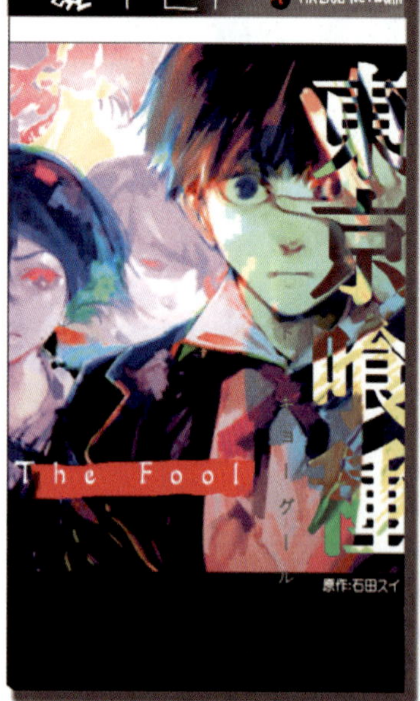
東京喰種
トーキョーグール
The Fool
原作:石田スイ

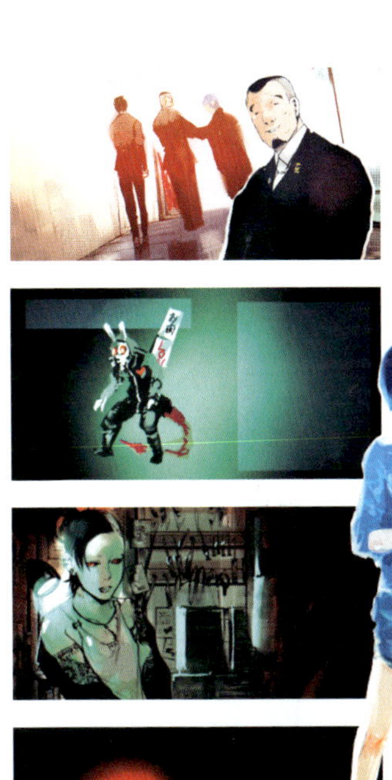
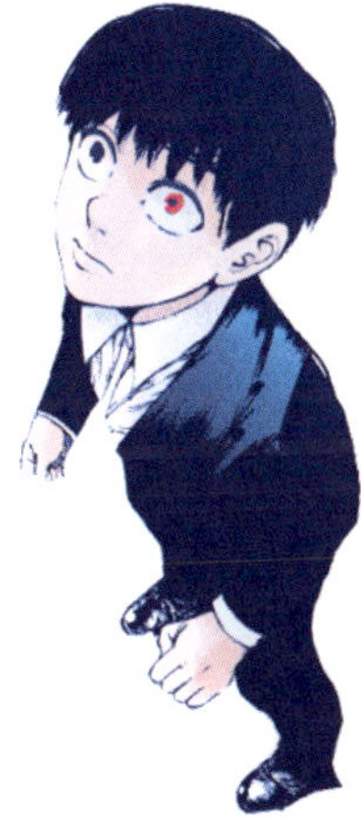

Die ganzen Bilder habe ich extra für den Aprilscherz gemalt, bei dem ich getwittert habe, dass Tokyo Ghoul ein Videospiel bekommt.
Obwohl der Abgabetermin meiner Serie sehr nah lag, habe ich etwas „Flash“ gelernt und nachts durchgemacht. Mein Redakteur hat sich bestimmt viele Sorgen gemacht ...
Was mich erwartet hat, war natürlich die Hölle: Wegen des Zeitdrucks habe ich mir geschworen, dass ich nächstes Mal besser plane ...

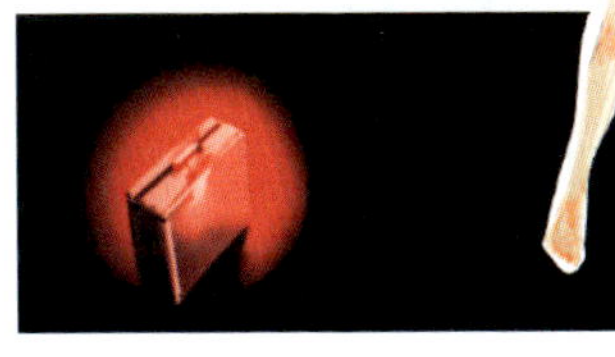
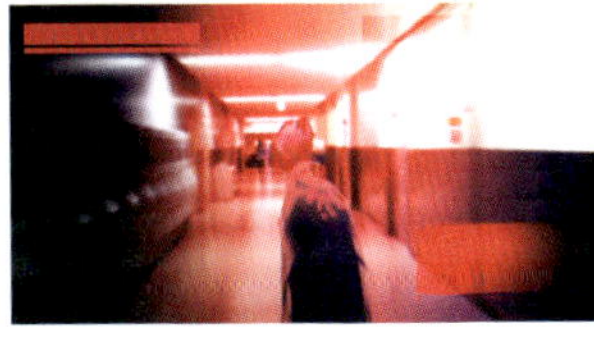
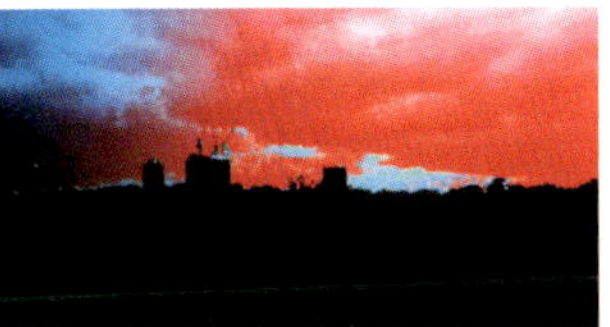
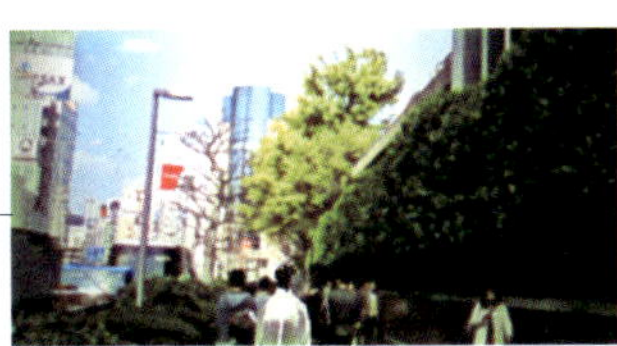
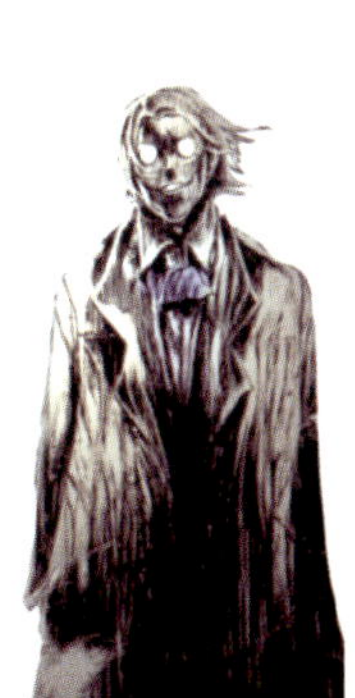

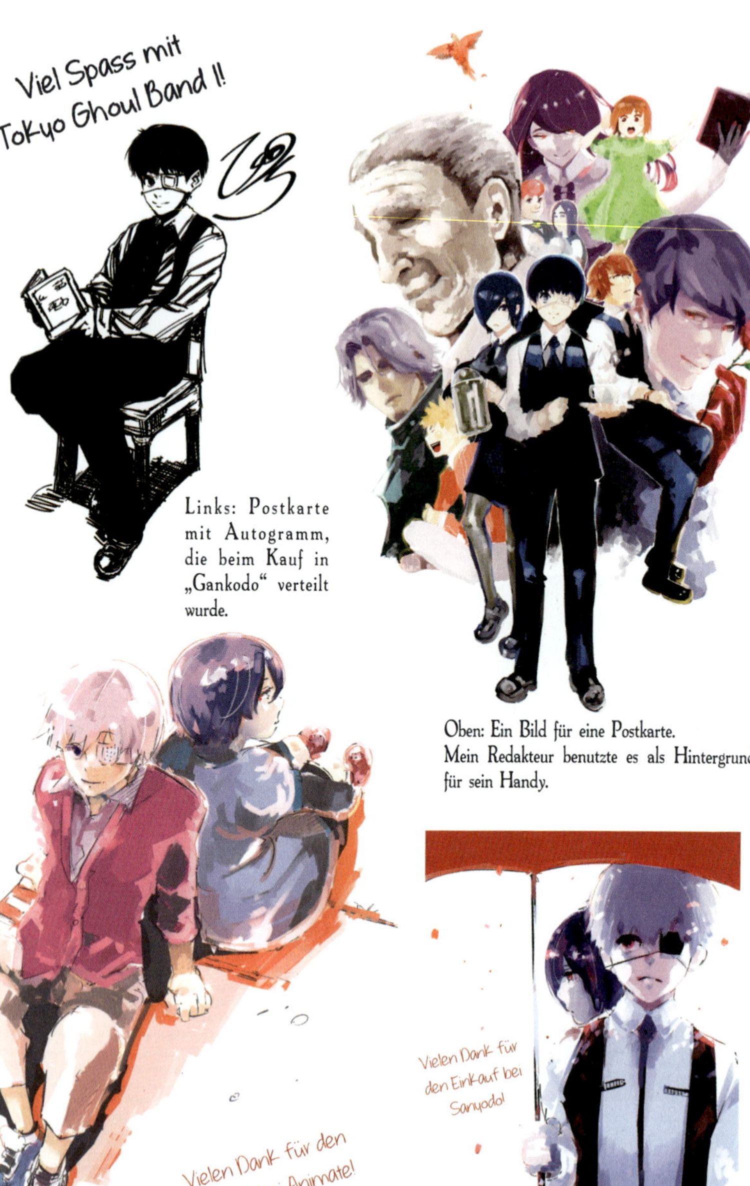

Links: Postkarte mit Autogramm, die beim Kauf in „Gankodo" verteilt wurde.

Oben: Ein Bild für eine Postkarte. Mein Redakteur benutzte es als Hintergrund für sein Handy.

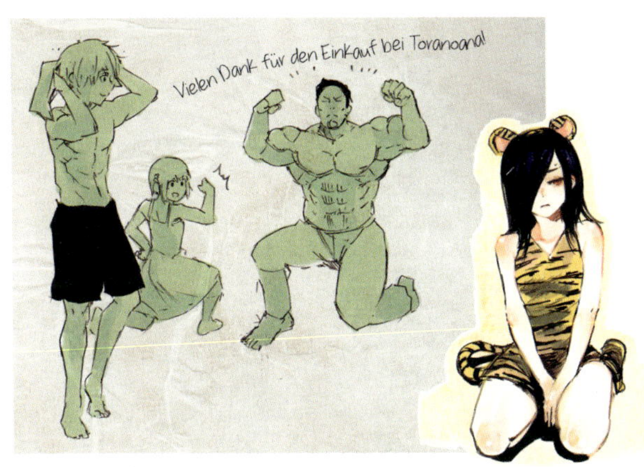

Wirkt etwas gezwungen.

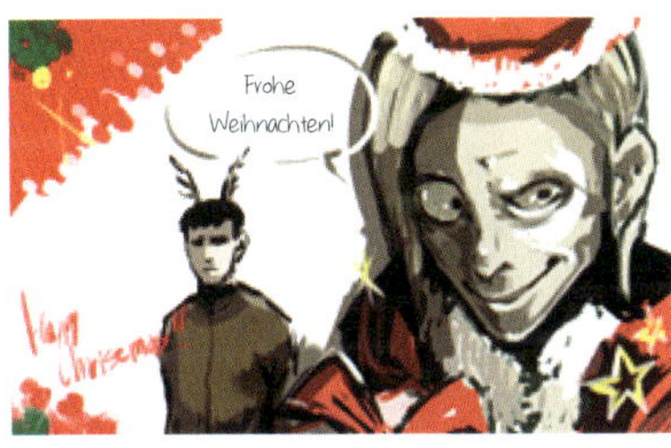

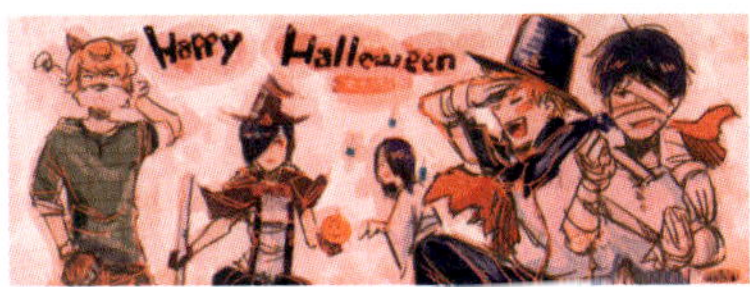

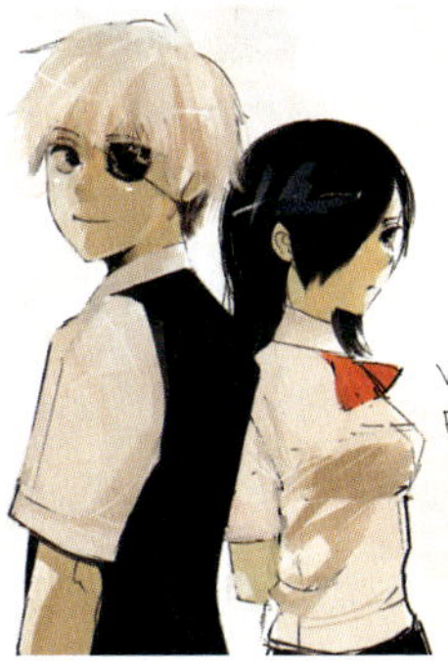

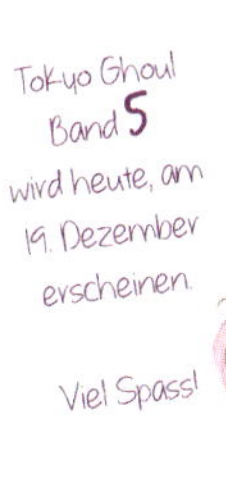

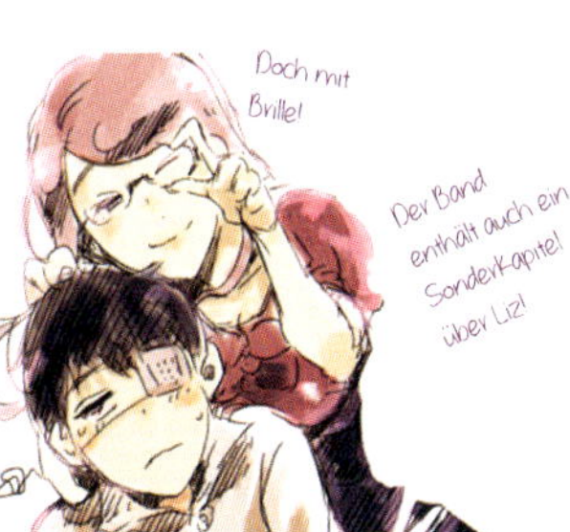

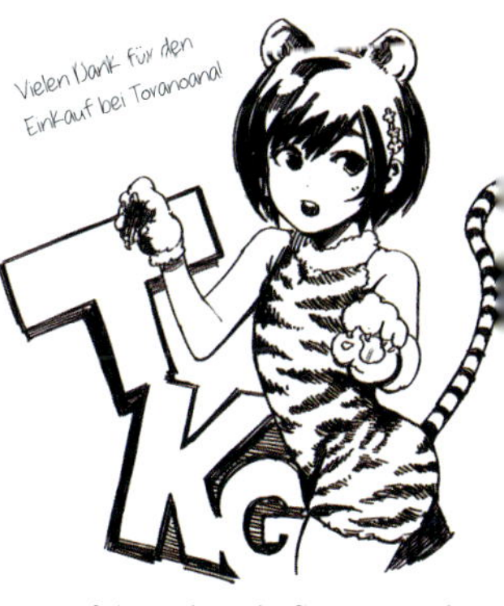

Scheint ihr mehr Spass zu machen.

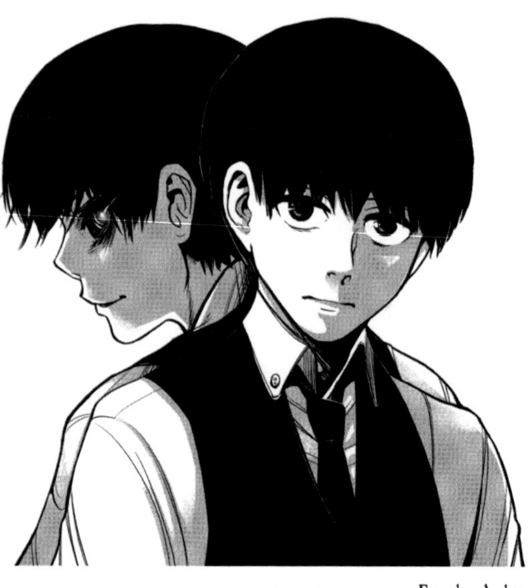

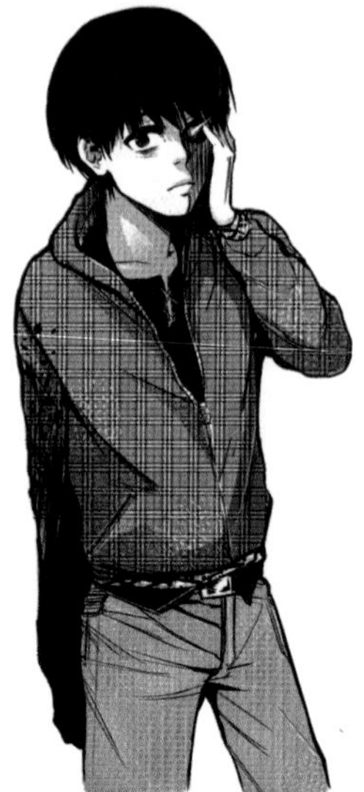

Für die Ankündigung der Serie gemalt. Das rechte Bild wurde verworfen und das Linke wurde verwendet.

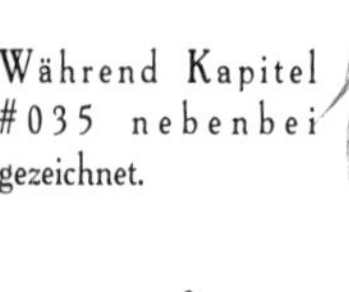

Während Kapitel #035 nebenbei gezeichnet.

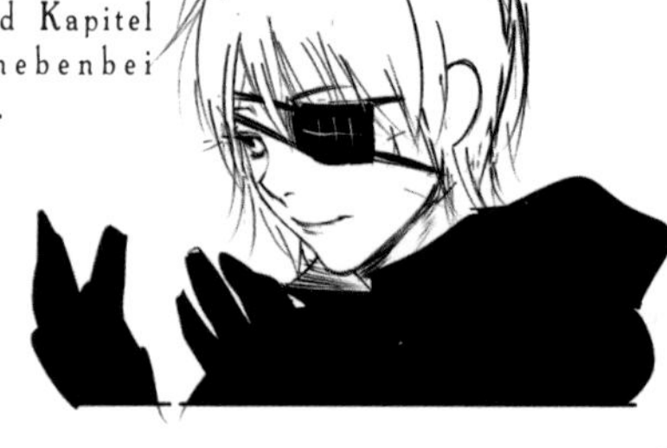

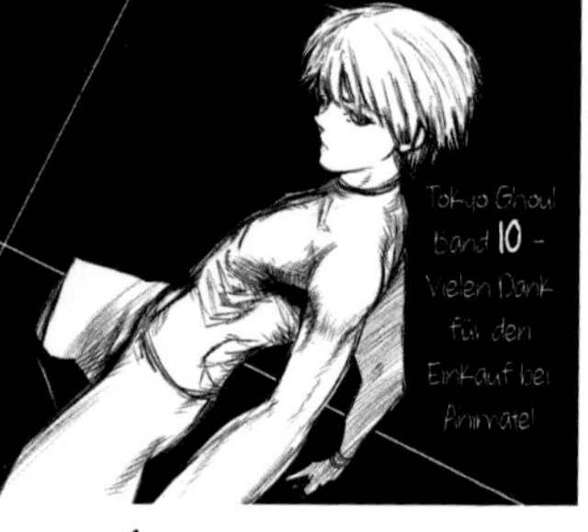

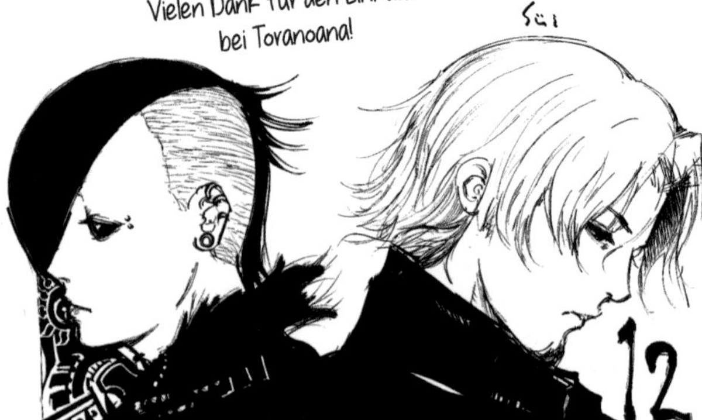

Band 2 #020

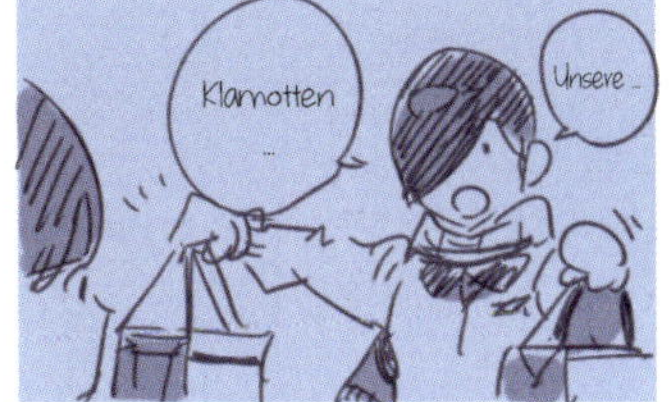

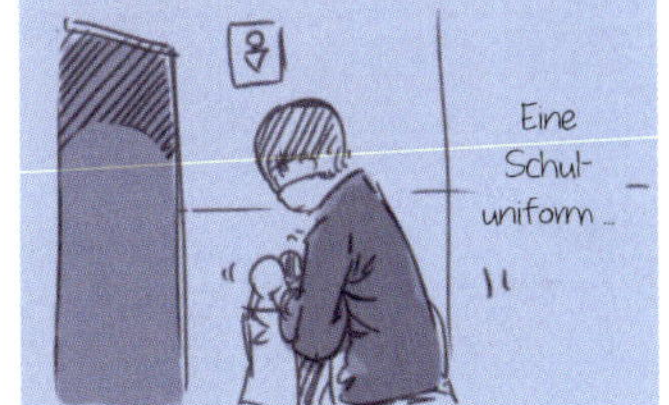

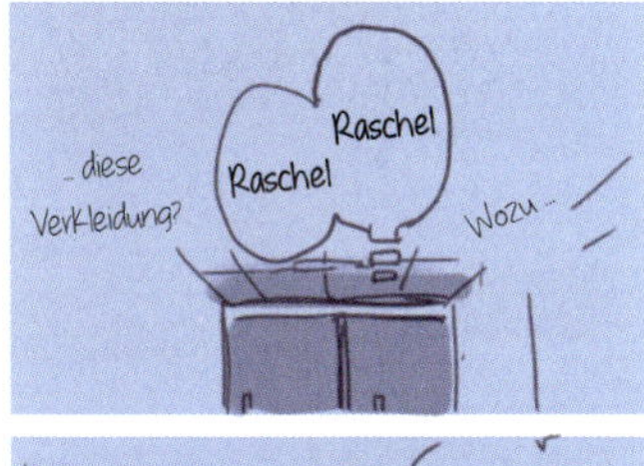

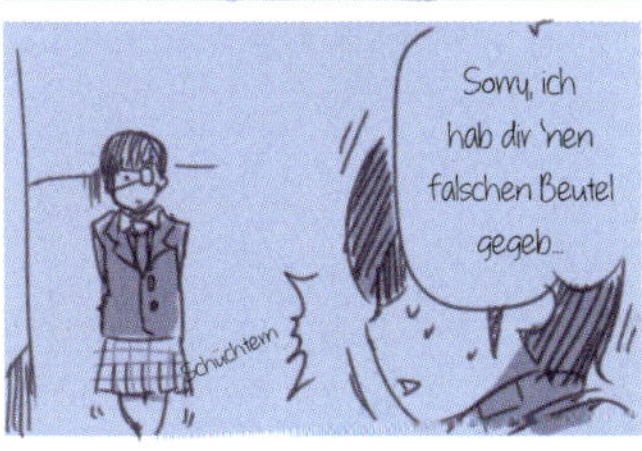

#021

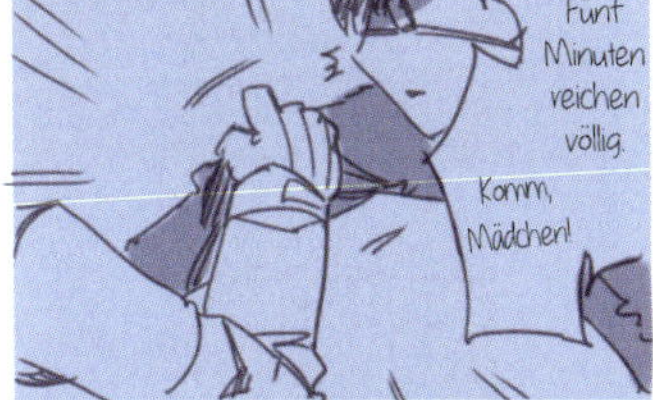

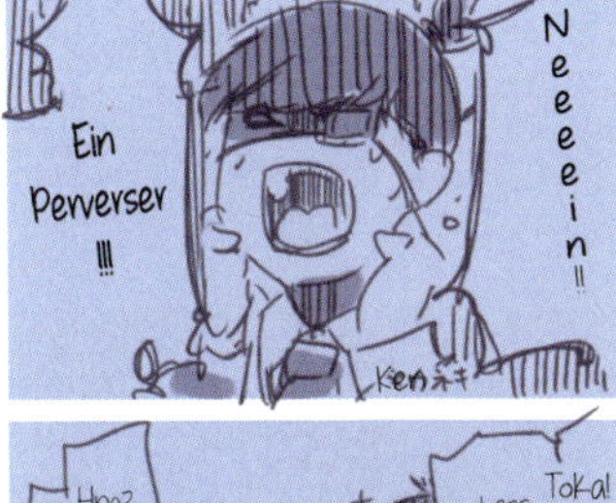

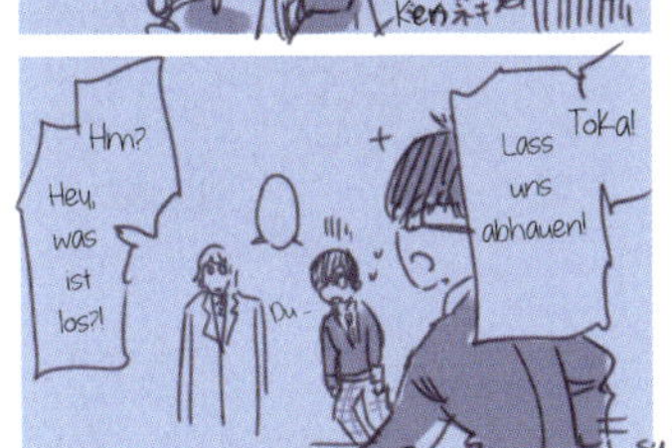

Tokyo Ghoul

Bei Twitter veröffentlicht.
Hatte ich Langweile?

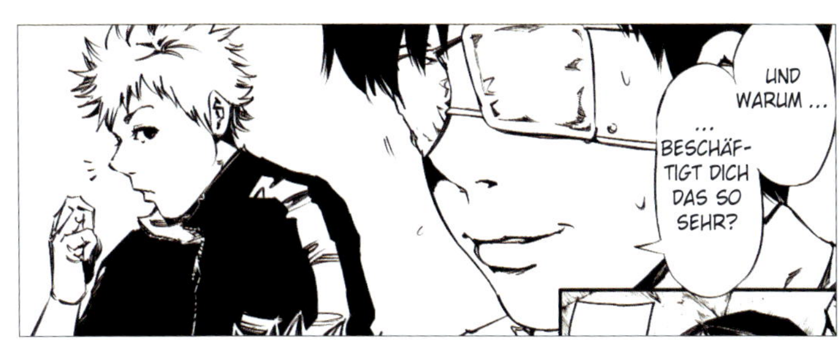

Manchmal mache ich komische Fehler.

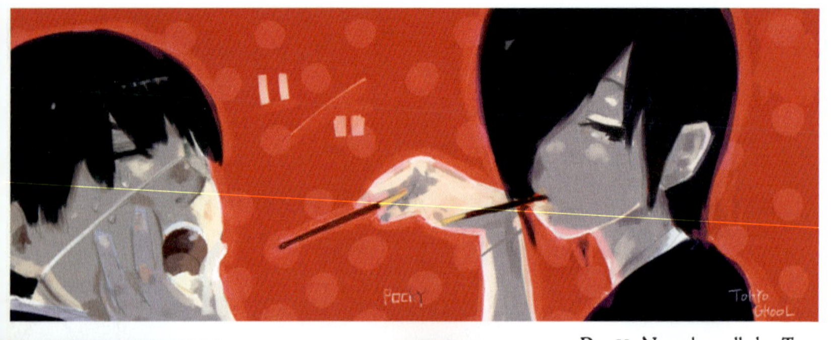

Der 11. November soll der Tag der Pocky-Schocko-Sticks sein.

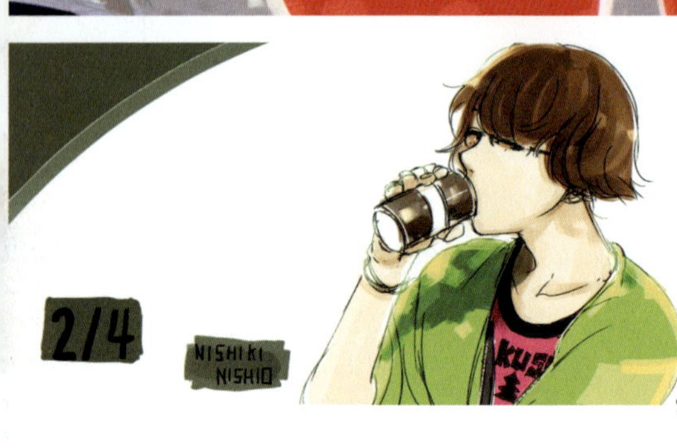

Für mich sind jeden Tag Sommer-ferien!

Naki

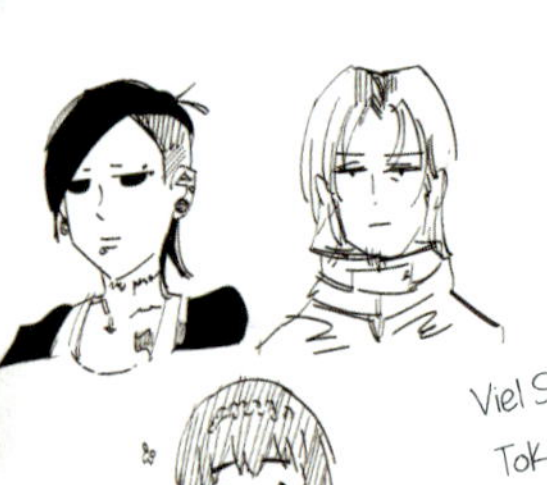

Viel Spass mit Tokyo Ghoul Band 2.

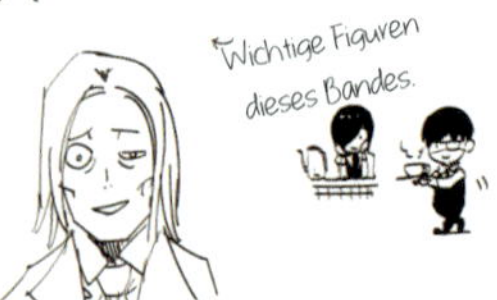

Wichtige Figuren dieses Bandes.

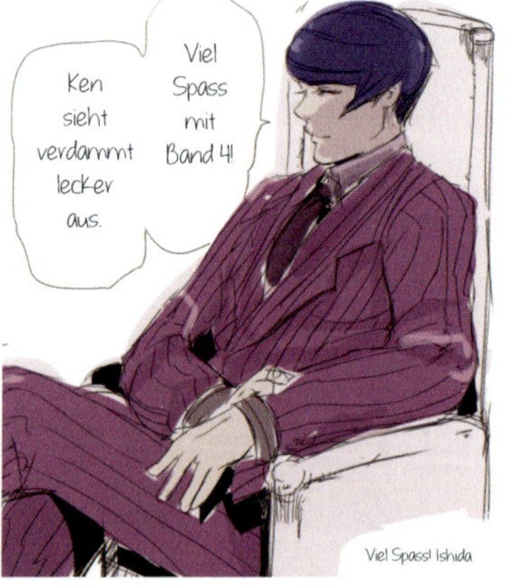

Wieder Haare wie ein Edelstein.

Jemand hat mir sogar seine Adresse vom Mond geschickt. (Empfänger war Shu Tsukiyama) Er könne jederzeit im Mond einziehen.

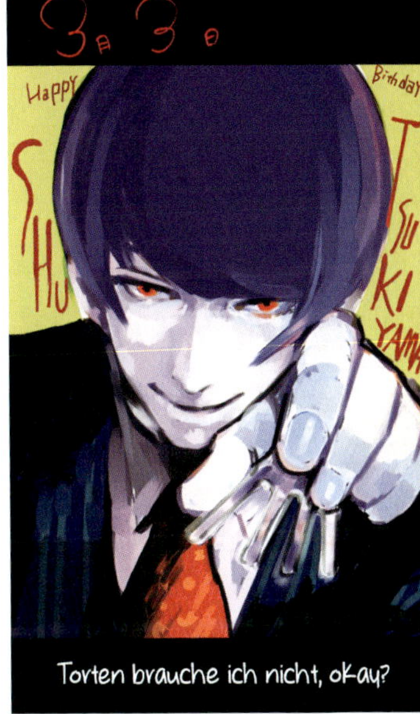

Zu Shus Geburtstag habe ich drei Bilder gemalt. Auch von Lesern hat er viele Bilder und Geschenke bekommen.

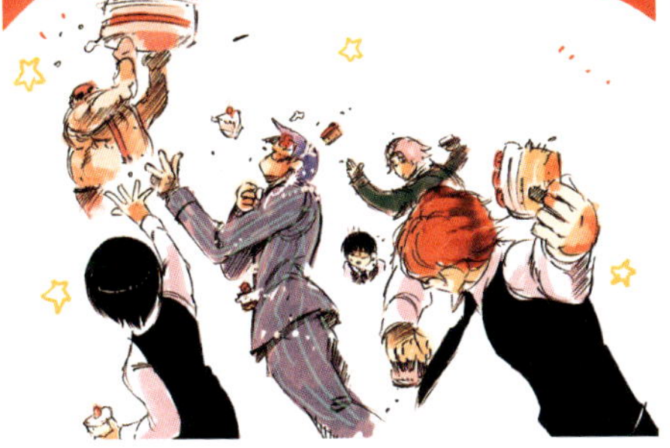

Er lässt sich gerne von Toka quälen.

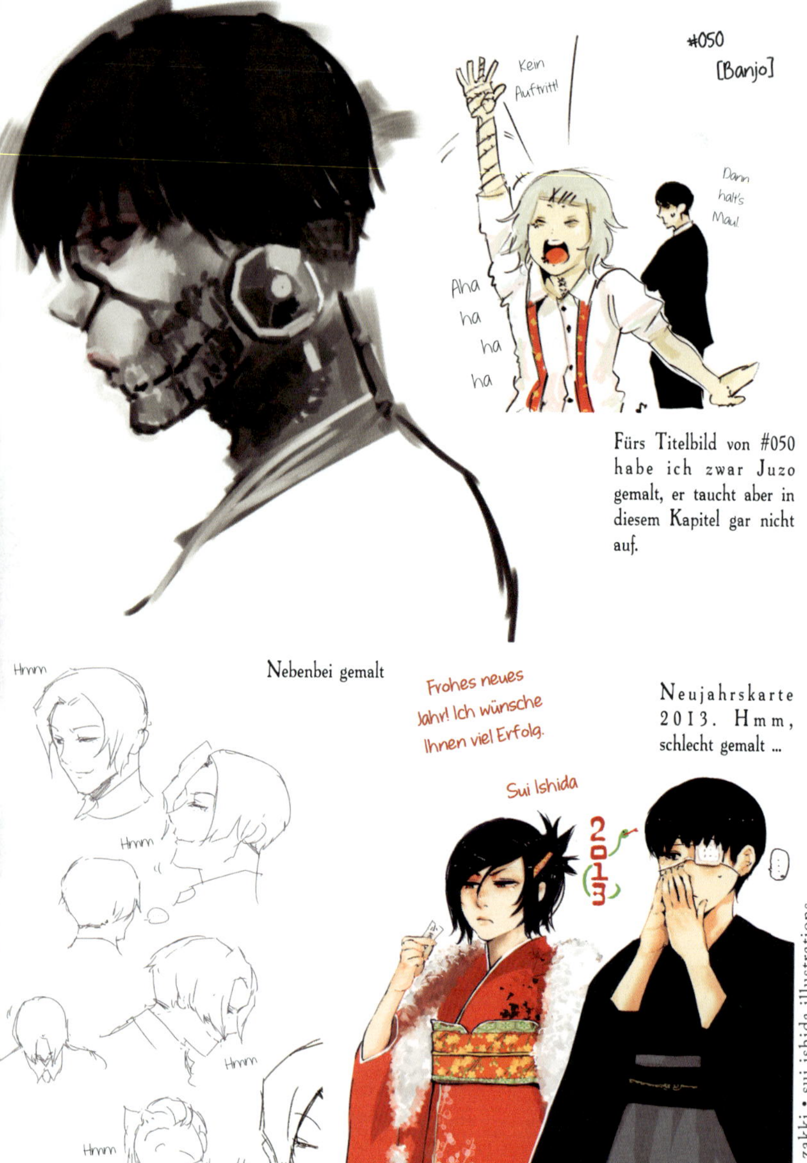

Fürs Titelbild von #050 habe ich zwar Juzo gemalt, er taucht aber in diesem Kapitel gar nicht auf.

Nebenbei gemalt

Neujahrskarte 2013. Hmm, schlecht gemalt ...

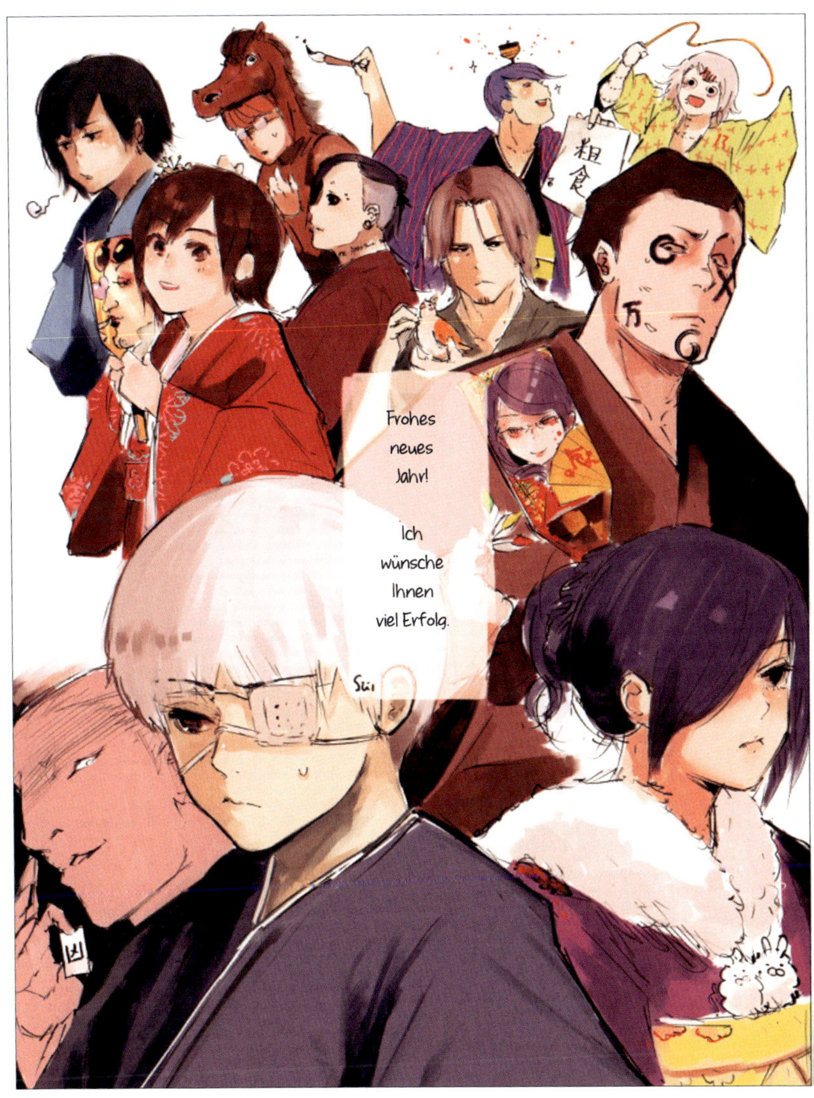

Neujahrskarte 2014.
Ich habe von Herrn Atsushi Nakayama – dem Autor von „Nejimaki Kagyu“ – eine Einführung ins Livestreaming bekommen und zweieinhalb Stunden lang live gemalt. Das war superaufregend.

Frohes neues Jahr! Ich wünsche Ihnen viel Erfolg.

Beim Geburtstag von Herrn Nakayama habe ich „Maburu“ gemalt.

Ich liebe seine Figuren, weil sie so originell sind. Es hat mir Spass gemacht, sie zu zeichnen.

Herr Nakayama, ich wünsche Ihnen alles Gute zum Geburtstag!

Im letzten Kapitel von „Nejimaki Kagyu“ habe ich das gemalt.

Ich hatte ein grosses Interesse an ihm, schon bevor er seine Serie begonnen hat. Irgendwann hatte ich das Glück, ihn kennenzulernen, und seitdem bin ich ein grosser Fan von ihm. Er ist ein netter, toller Mensch – aber manchmal verrückt. Ich habe viele Anregungen aus seinen Werken bekommen.

Es war schade, dass seine Serie endete. Aber ich bin froh, dass wir beide zur gleichen Zeit in der „Weekly Young Jump“ Manga-Serien hatten.

Herr Nakayama, erholen Sie sich gut!

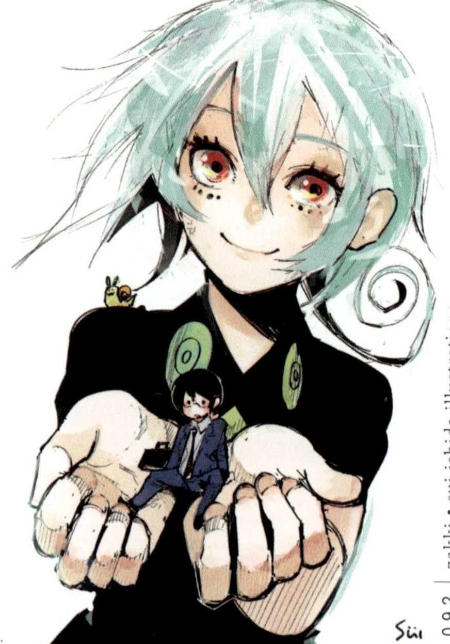

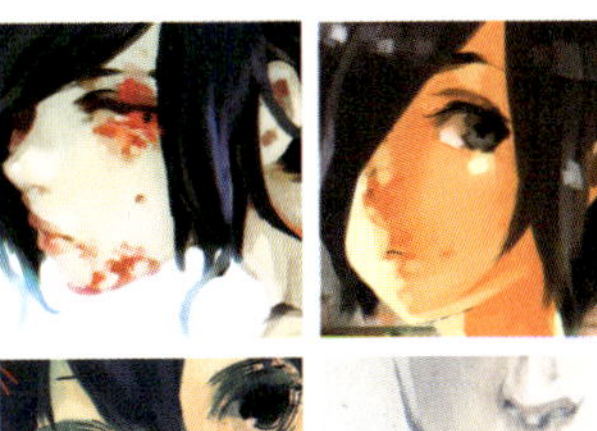
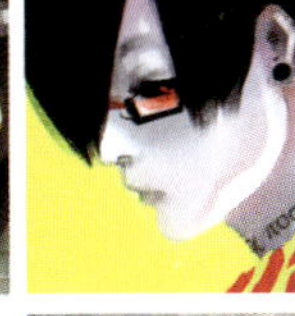
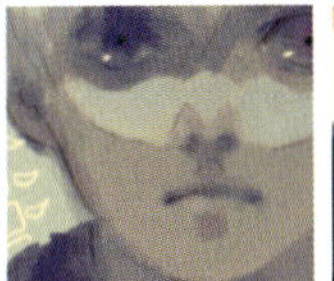
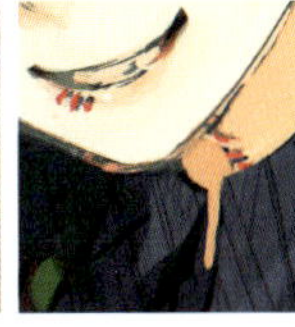
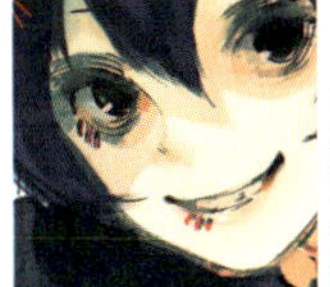
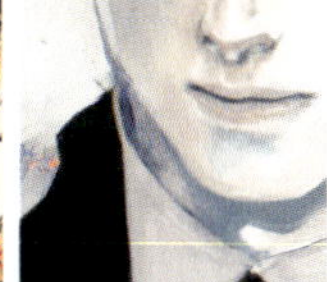
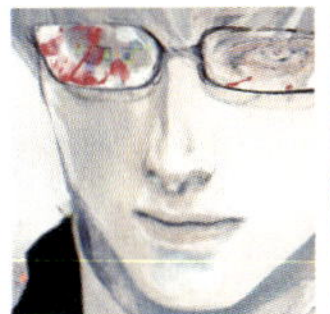
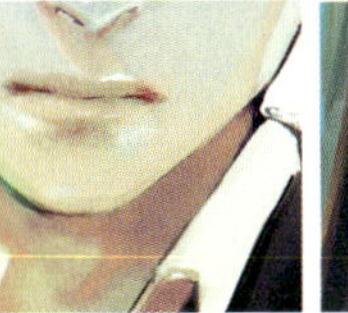
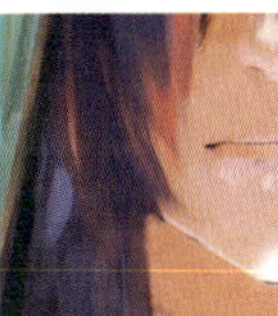

Profilbilder für den Twitter-Account.
Die erste Toka habe ich ziemlich lang benutzt. Danach habe ich oft einen Ausschnitt der Bilder verwendet, die ich später im richtigen Format gezeigt habe.

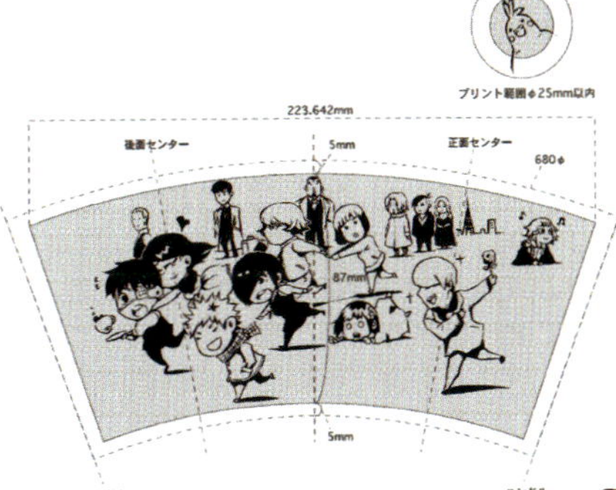

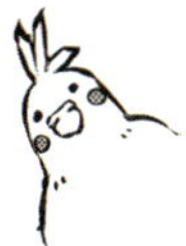

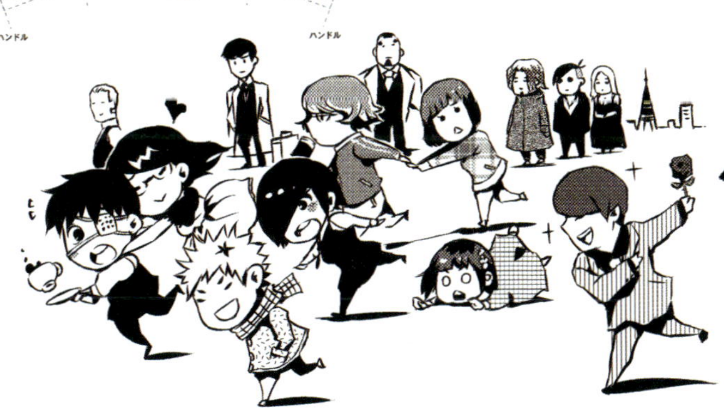

Entwurf für eine Kaffeetasse als Lesergeschenk. Da sie nicht in grossen Mengen produziert wurde, ist es ein seltener Fanartikel.

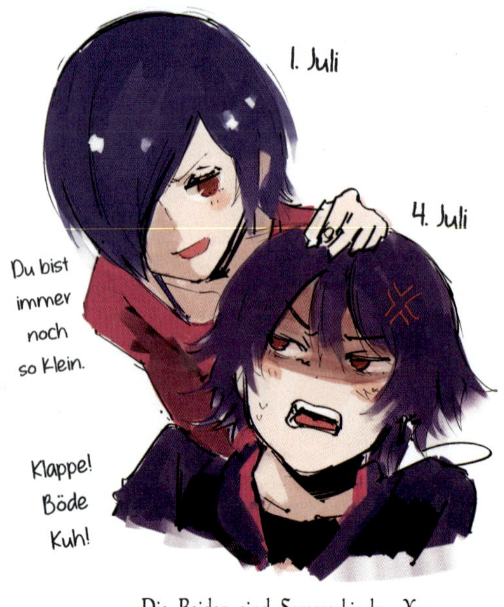

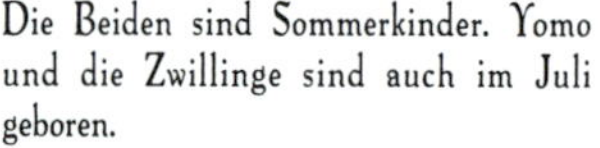
Die Beiden sind Sommerkinder. Yomo und die Zwillinge sind auch im Juli geboren.

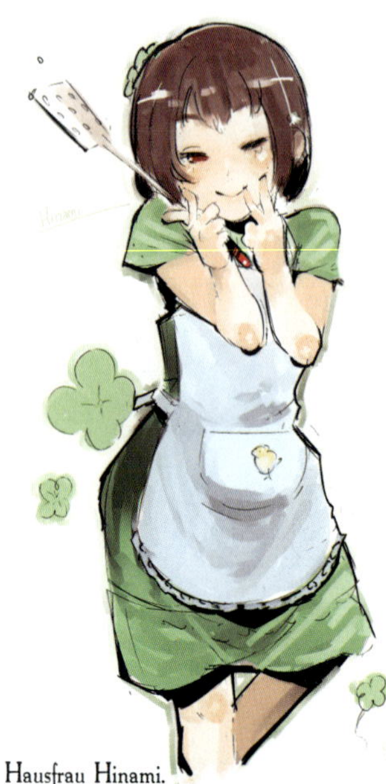
Hausfrau Hinami.

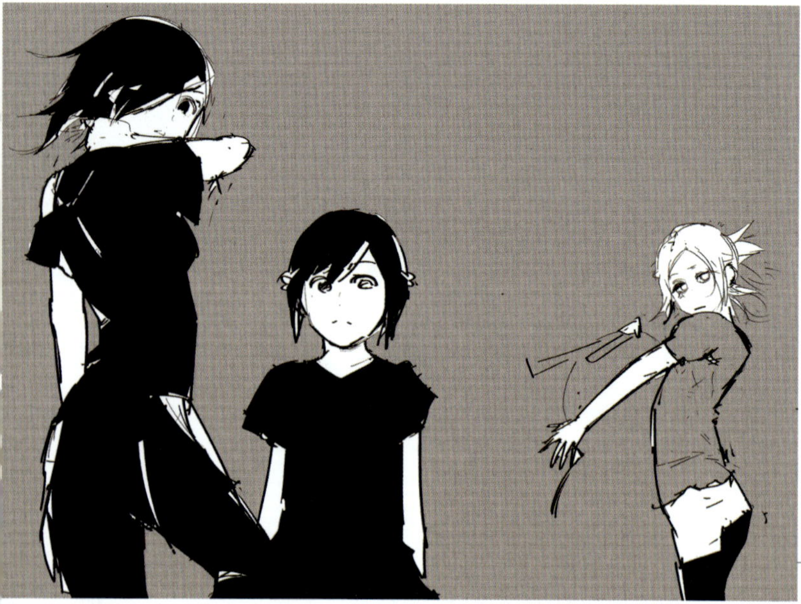

Verworfenes Bild für die „Miracle Jump". Die rechte Person ist Juzo.

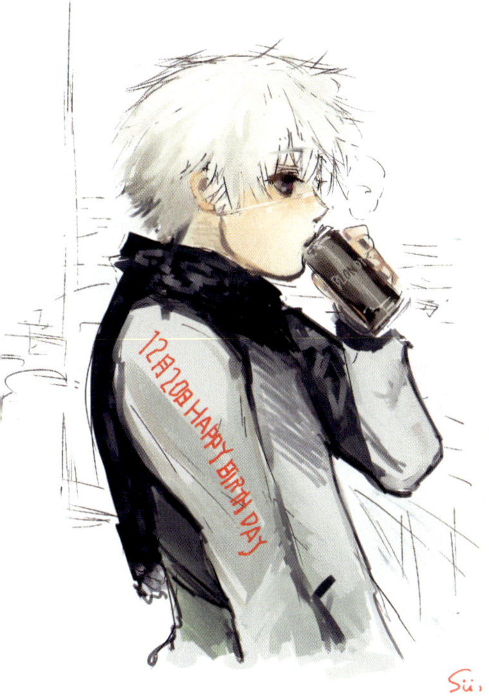

Bild für Kens Geburtstag.
Über Twitter veröffentlicht.

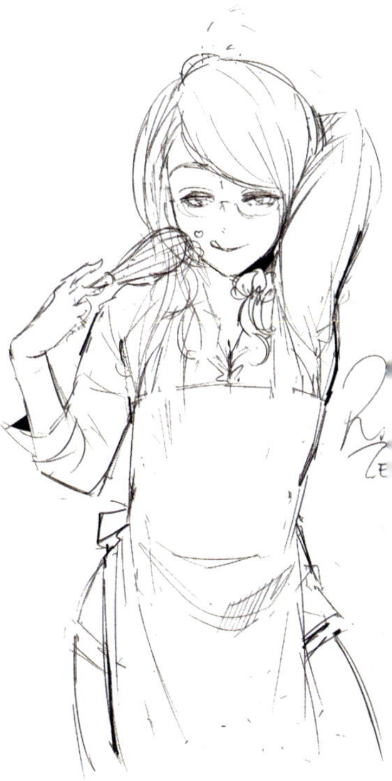

Ich glaube nicht, dass Liz was kochen wü

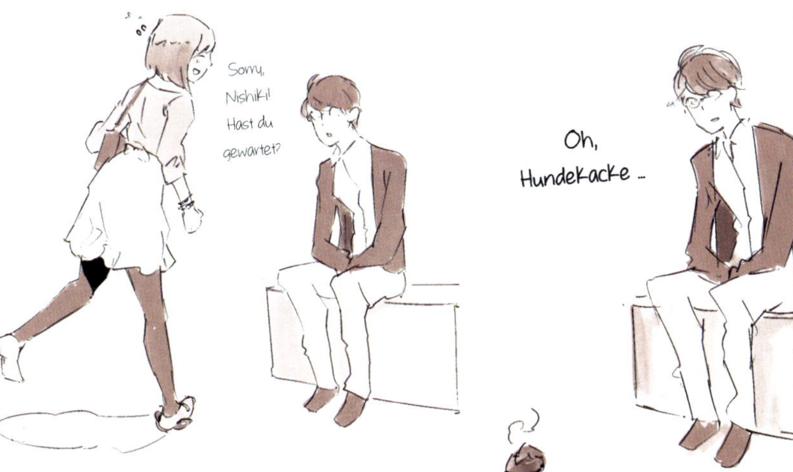

Was für ein Pech!

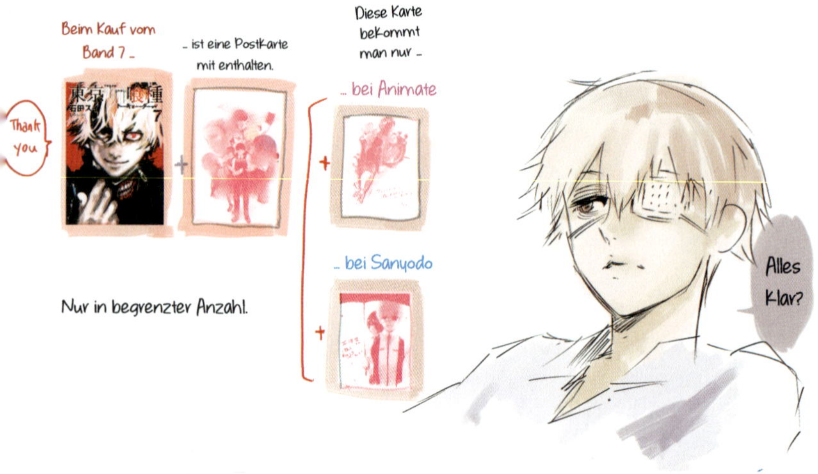

Beim Kauf vom Band 7 …

… ist eine Postkarte mit enthalten.

Diese Karte bekommt man nur …

… bei Animate

… bei Sanyodo

Thank you

Nur in begrenzter Anzahl.

Alles Klar?

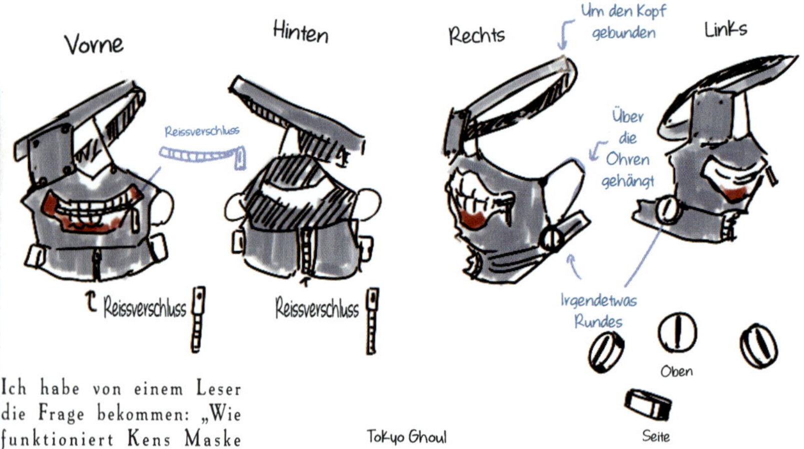

Vorne

Hinten

Rechts

Links

Um den Kopf gebunden

Reissverschluss

Über die Ohren gehängt

Reissverschluss

Reissverschluss

Irgendetwas Rundes

Oben

Seite

Ich habe von einem Leser die Frage bekommen: „Wie funktioniert Kens Maske eigentlich?“ Darauf habe ich mit diesen Bildern geantwortet.

Die Richtung vom Reissverschluss war ursprünglich anders.

Wahrscheinlich hat Uta es im Nachhinein geändert.

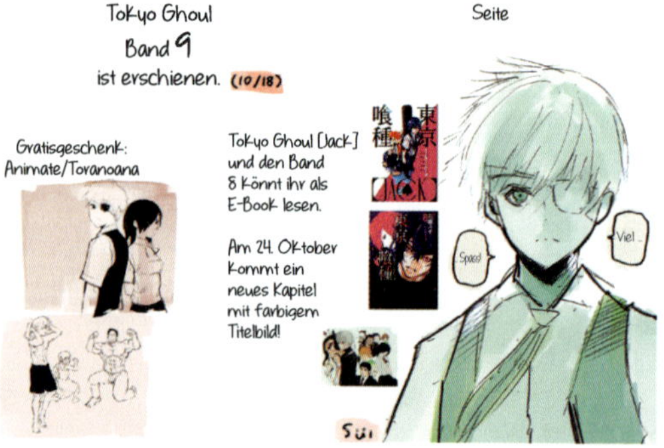

Tokyo Ghoul Band 9 ist erschienen. (10/18)

Gratisgeschenk: Animate/Toranoana

Tokyo Ghoul [Jack] und den Band 8 könnt ihr als E-Book lesen.

Am 24. Oktober kommt ein neues Kapitel mit farbigem Titelbild!

Spass!

Viel …

Sui

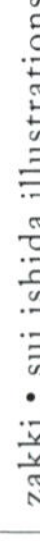

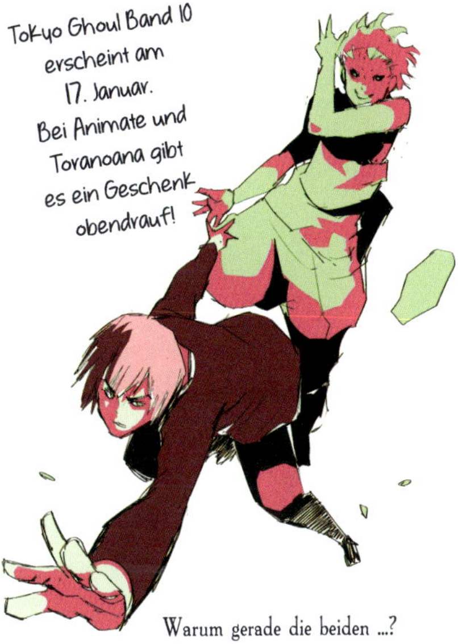

Tokyo Ghoul Band 10 erscheint am 17. Januar. Bei Animate und Toranoana gibt es ein Geschenk obendrauf!

Warum gerade die beiden ...?

Mit etwas Übung sieht es viel besser aus.

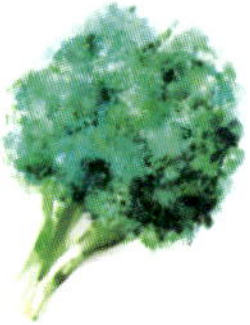

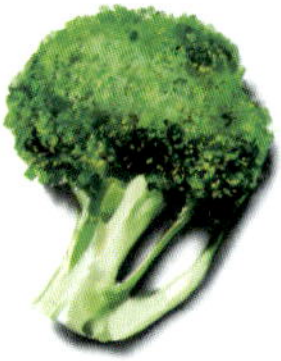

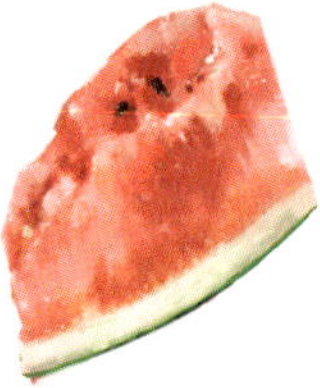

Wassermelone!

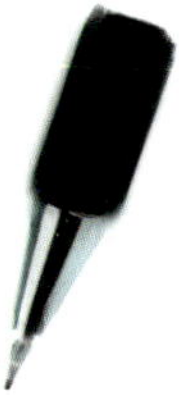

Kugelschreiber.
Mein Skype-Icon.

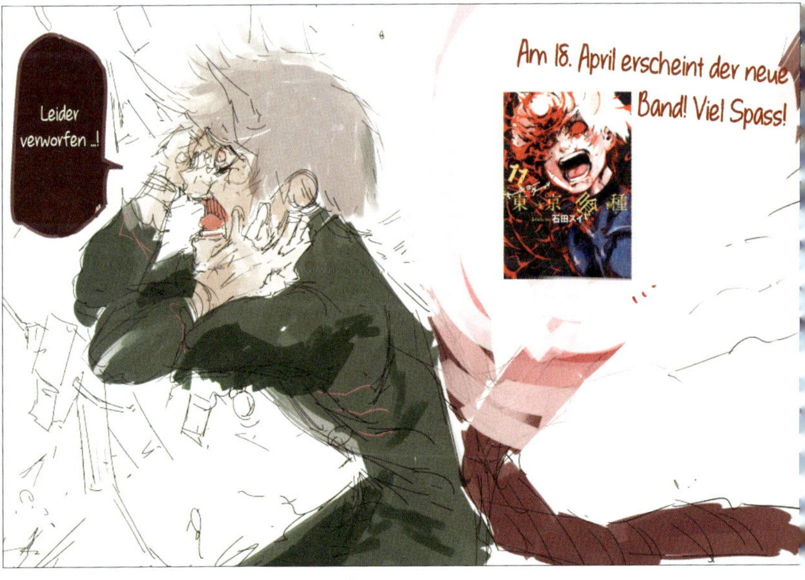

Leider verworfen ...!

Am 18. April erscheint der neue Band! Viel Spass!

Verworfenes Coverbild für die Werbung für Band 11.
Die Seitenperspektive war doch nicht gut für ein Cover. (Obwohl ich es eigentlich beim Band 12 auch gemacht habe ...)

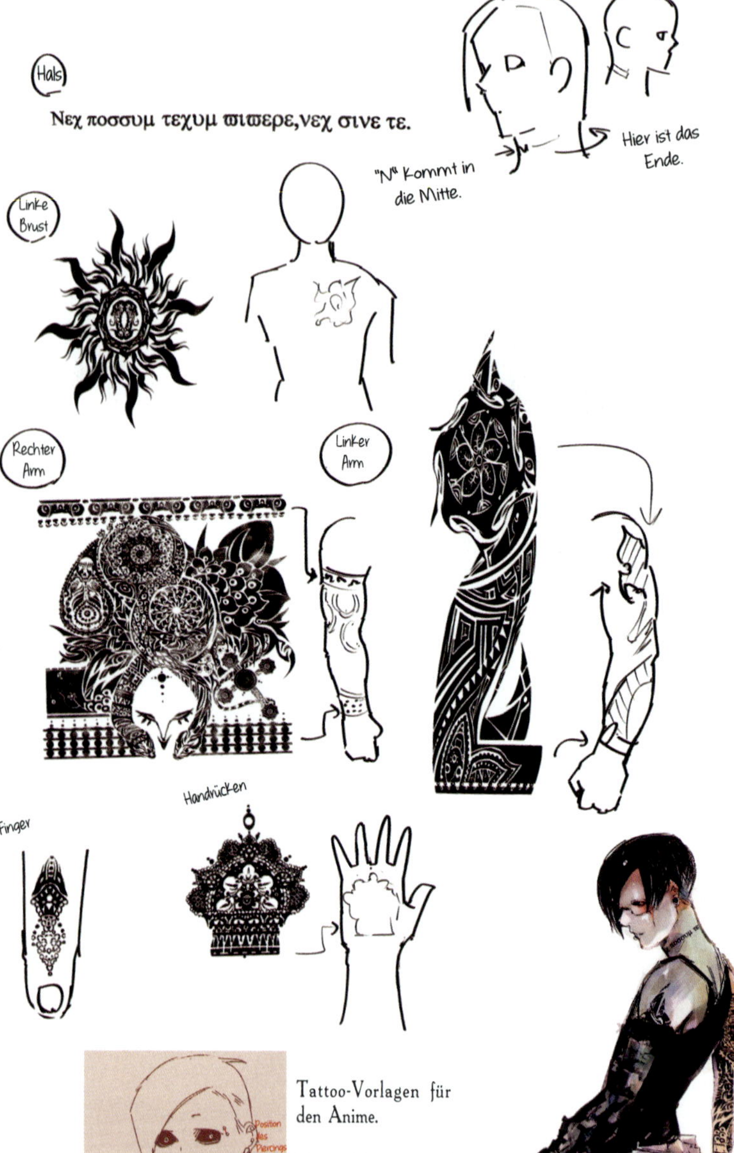

Tattoo-Vorlagen für den Anime.

Seine Tattoos auf Bauch und Rücken wurden noch nicht gezeigt.

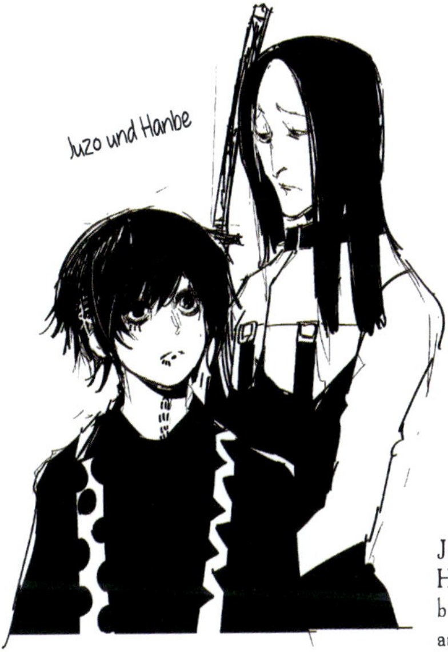

Juzo und Hanbe

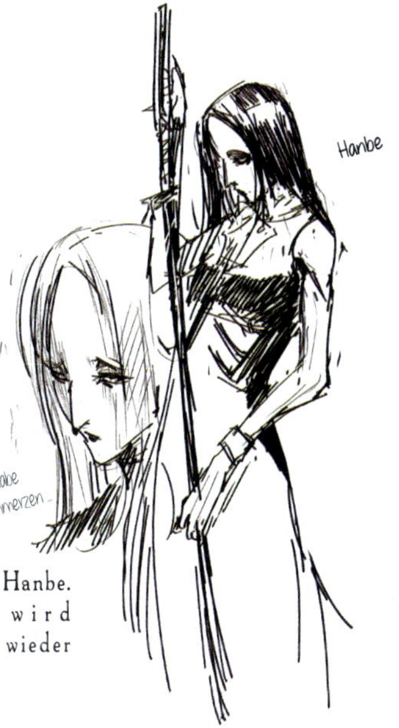

Hanbe

Ich habe Bauchschmerzen ...

Juzo und Hanbe. Hanbe wird bestimmt wieder auftauchen.

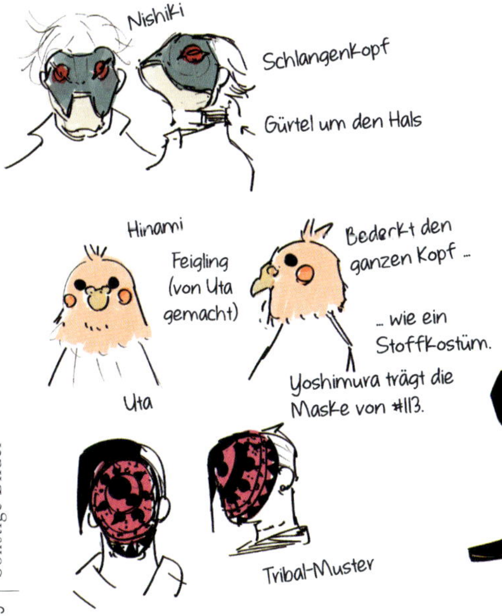

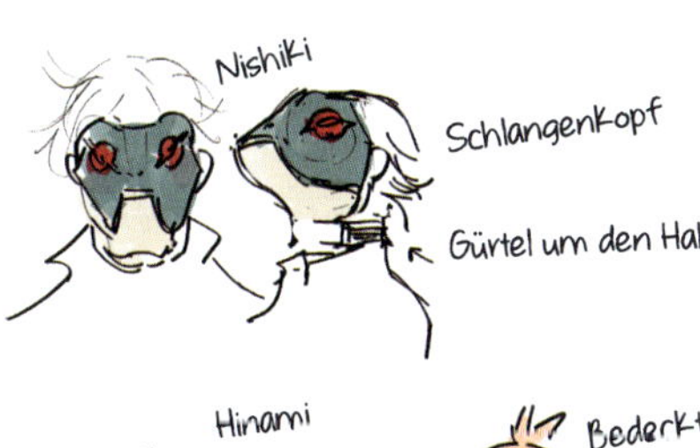

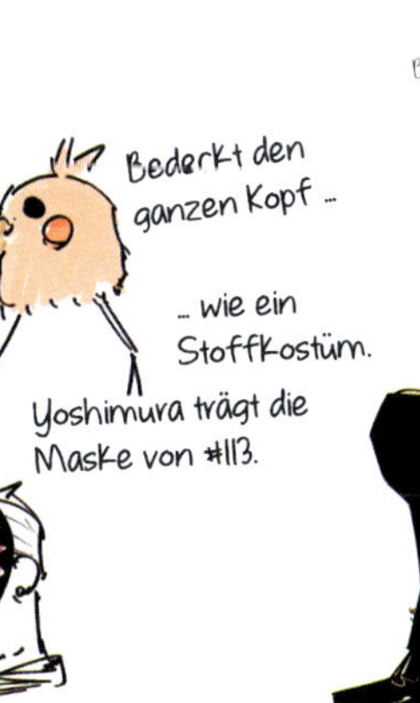

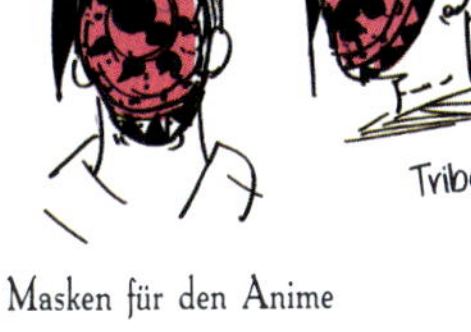

Masken für den Anime

In der "Weekly Shonen Jump" wurde ein Spin-off veröffentlicht.

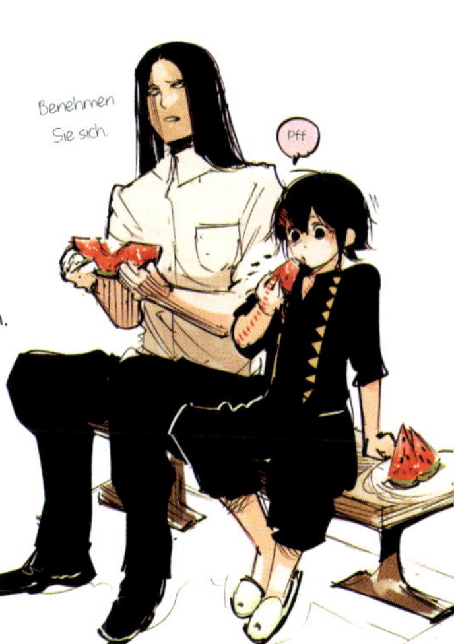

Chef und Untergebener

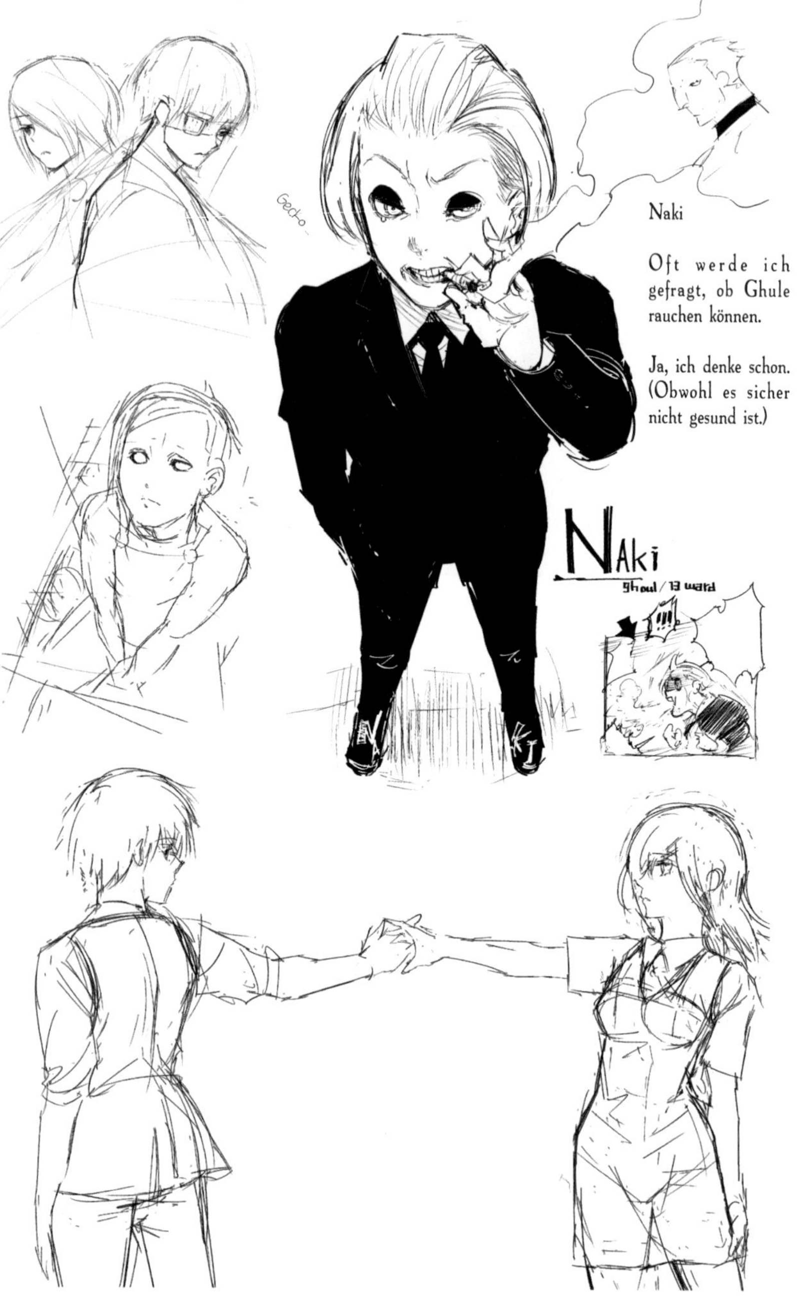
Gecho...
Naki
Oft werde ich gefragt, ob Ghule rauchen können.
Ja, ich denke schon. (Obwohl es sicher nicht gesund ist.)
NAKI
ghoul / 13 ward
!!!

Schöne Grüsse!

Süi

Für die Vorstellung von Tokyo Ghoul. Ursprünglich hatte ich vor, mehr Figuren zu malen. Aber ich hatte keine Energie dafür und nur die zwei sind geblieben.

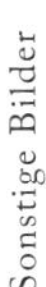

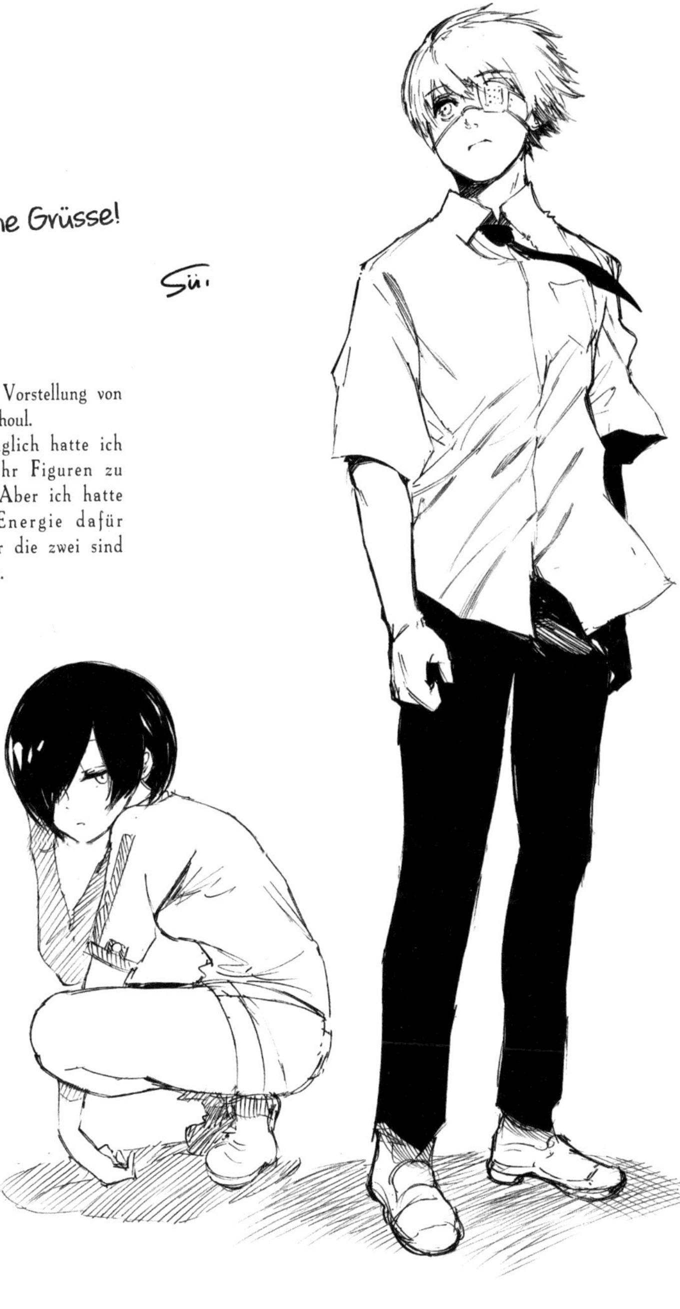

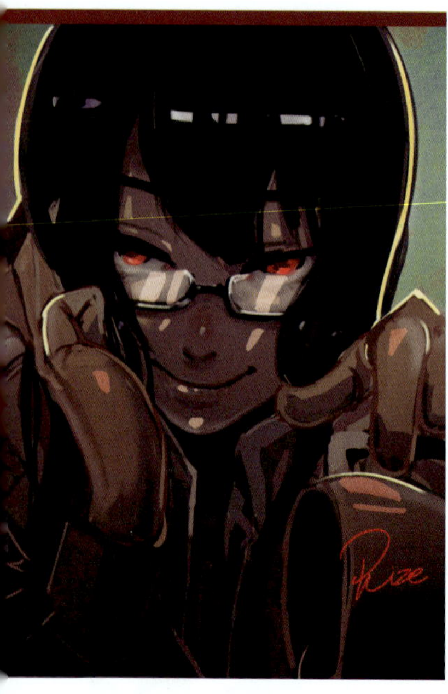

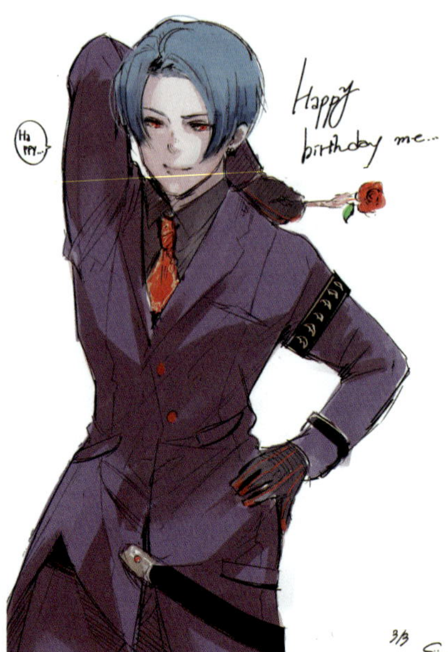

Diesen Shu finde ich nicht schlecht. (Obwohl die anderen auch nicht schlecht sind.)

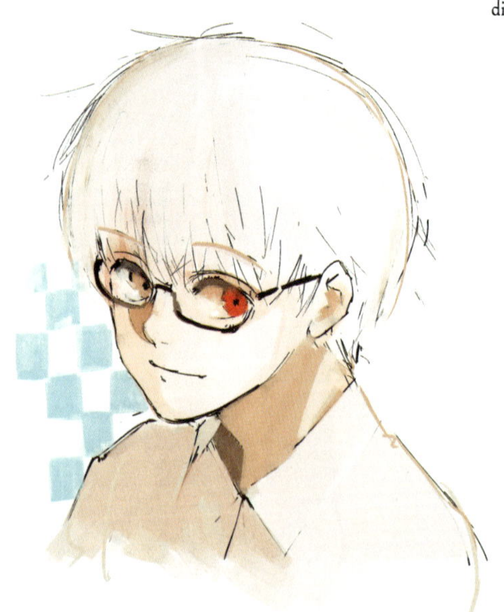

Band 13 erscheint heute!

Ken mit Brille.
Nachdem ich Arima fürs Cover gemalt habe, wollte ich Ken auch mal eine Brille aufsetzen.

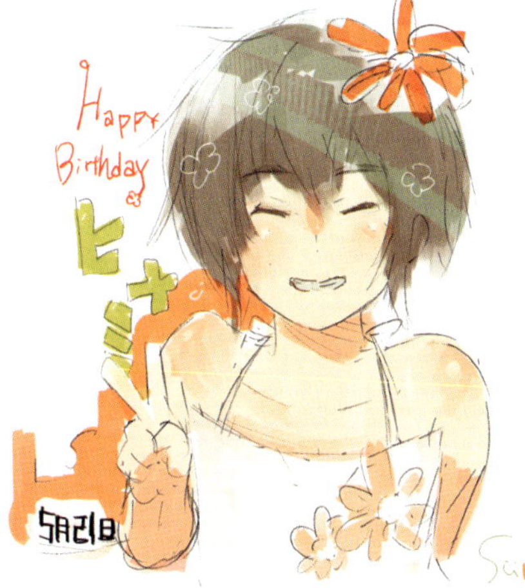

Hinamis Geburtstag.
Sie liebt sicher Blumen.

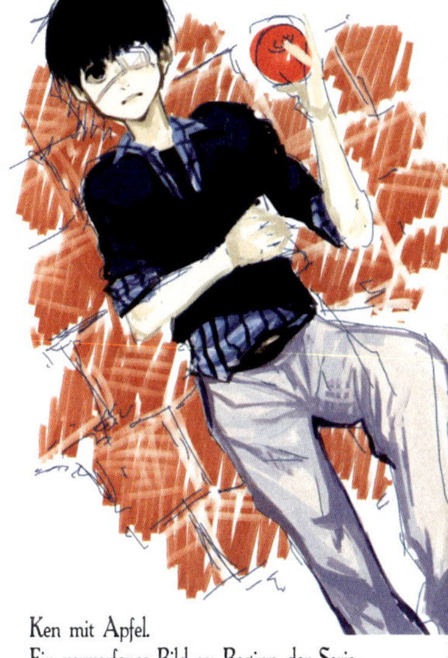

Ken mit Apfel.
Ein verworfenes Bild zu Beginn der Serie.

Akira mit ihrer Katze, Maris-Stella. (Sieht aus wie ein Gespenst.)

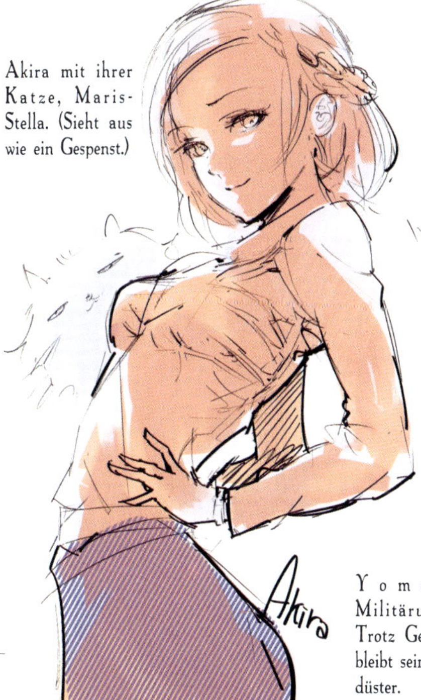

Yomo in Militäruniform. Trotz Geburtstag bleibt seine Miene düster.

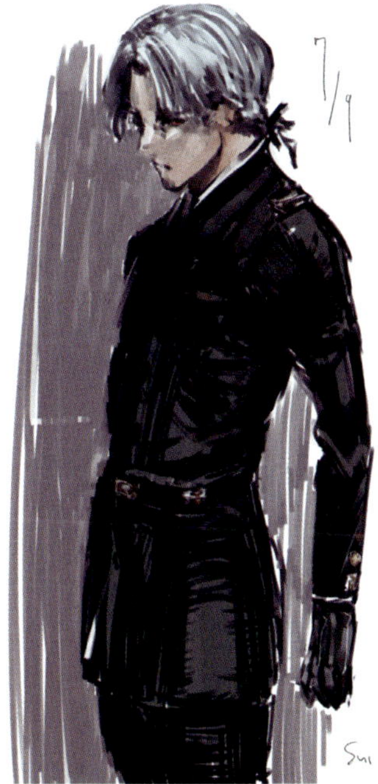

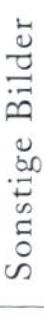

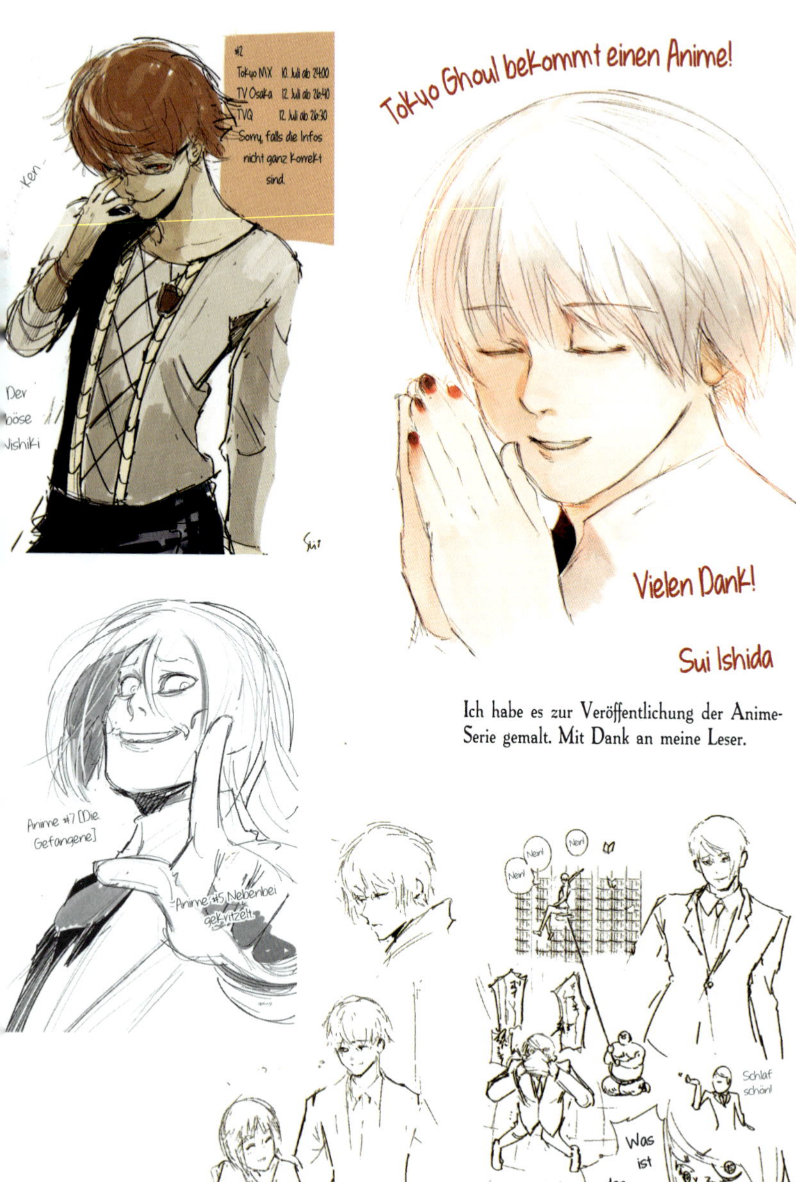

Ich habe es zur Veröffentlichung der Anime-Serie gemalt. Mit Dank an meine Leser.

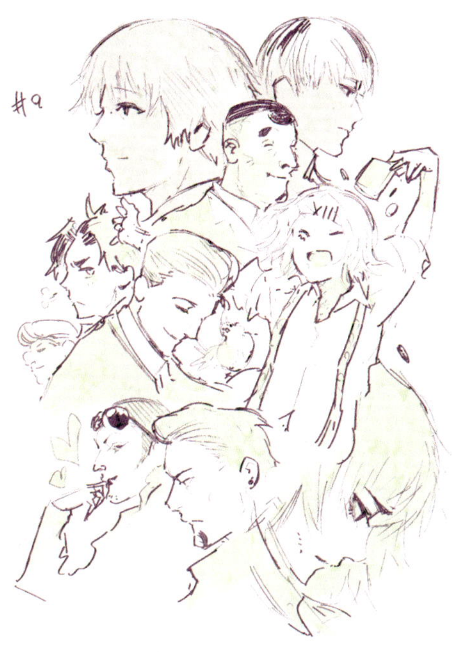

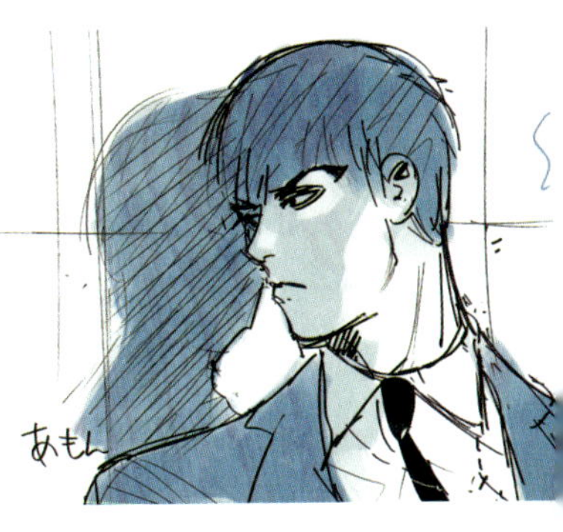

Nachdem ich mir die Anime-Sendung angeschaut habe, habe ich oft solche Bilder gemalt, manchmal sogar während der Sendung. Alles nur Kritzeleien zum Spass. Nur bei der Folge 9 habe ich ausnahmsweise mehr Zeit investiert.

Enji Koma habe ich nachher hinzugefügt.

Herr Hoji hatte wirklich eine tolle Stimme!

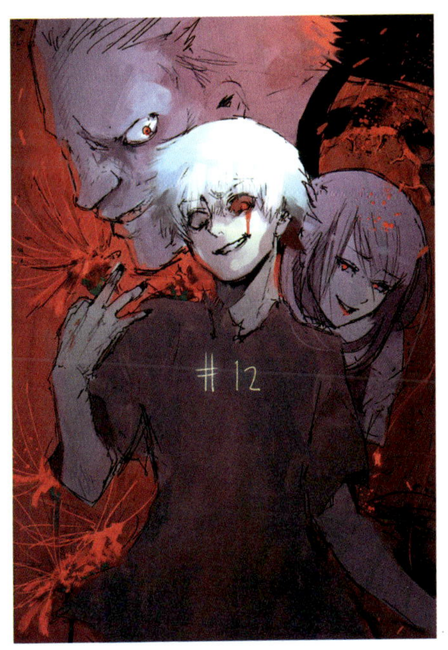

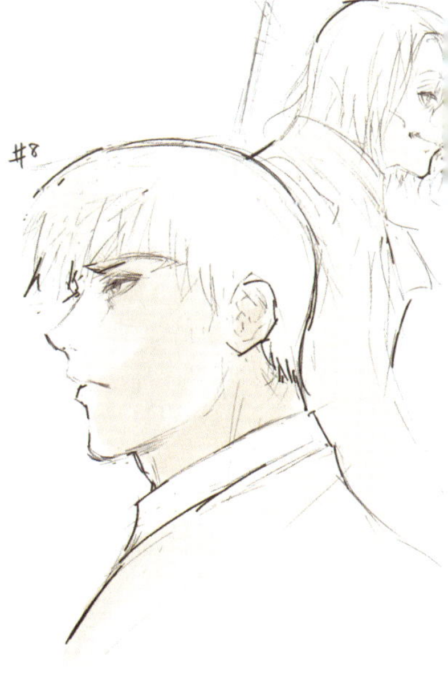

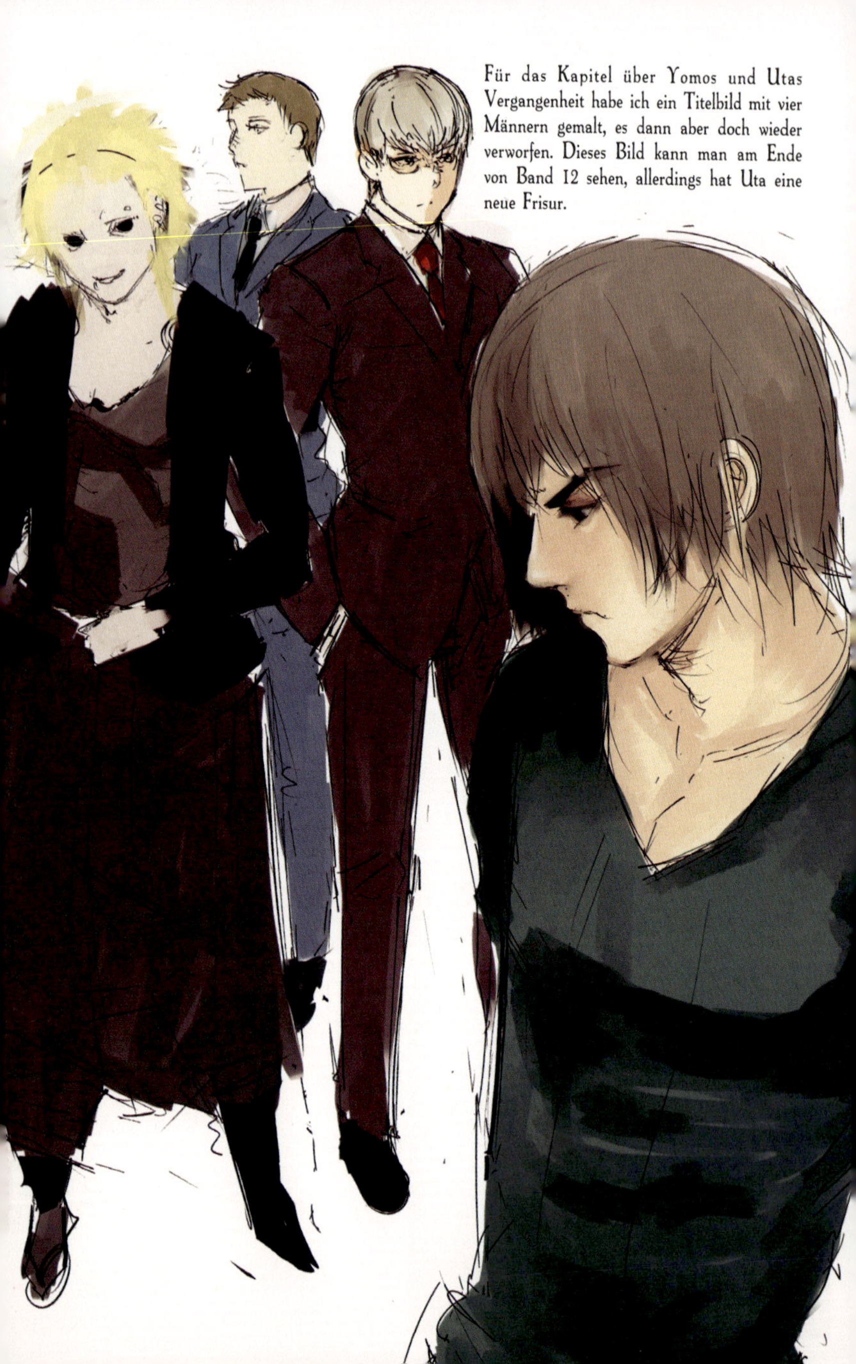

Für das Kapitel über Yomos und Utas Vergangenheit habe ich ein Titelbild mit vier Männern gemalt, es dann aber doch wieder verworfen. Dieses Bild kann man am Ende von Band 12 sehen, allerdings hat Uta eine neue Frisur.

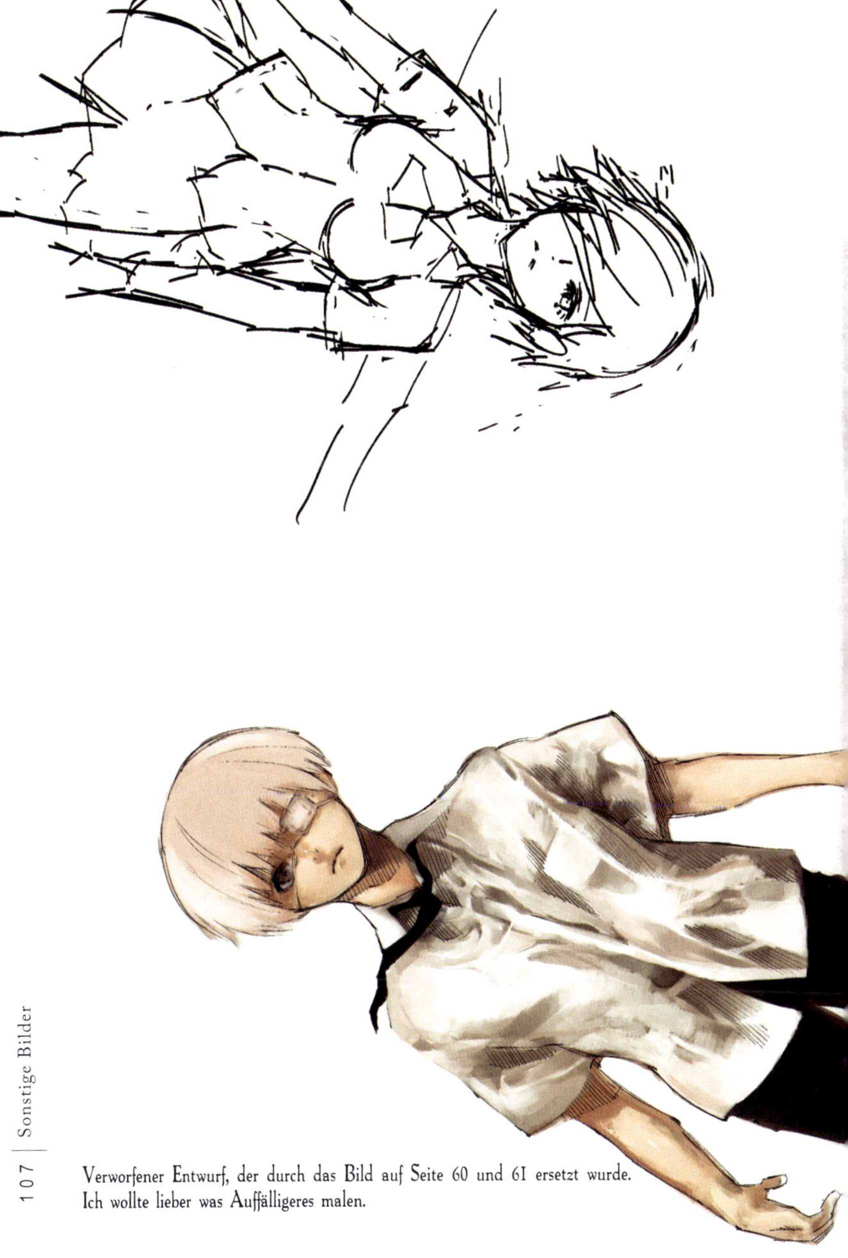

Verworfener Entwurf, der durch das Bild auf Seite 60 und 61 ersetzt wurde.
Ich wollte lieber was Auffälligeres malen.

Beim Kapitel #143 habe ich ein Coverbild für die „Weekly Young Jump“ gemalt.

Zuerst habe ich eine Version abgegeben, in der Ken seine Augen versteckt, diese wurde aber vom Redakteur abgelehnt. (Ja, war klar ...)

Genau wie beim Cover von Band 14 fällt mir zu diesem Bild jetzt noch nichts ein.

III
Coverbild von der „Weekly Young Jump“, Ausgabe 42, 2014

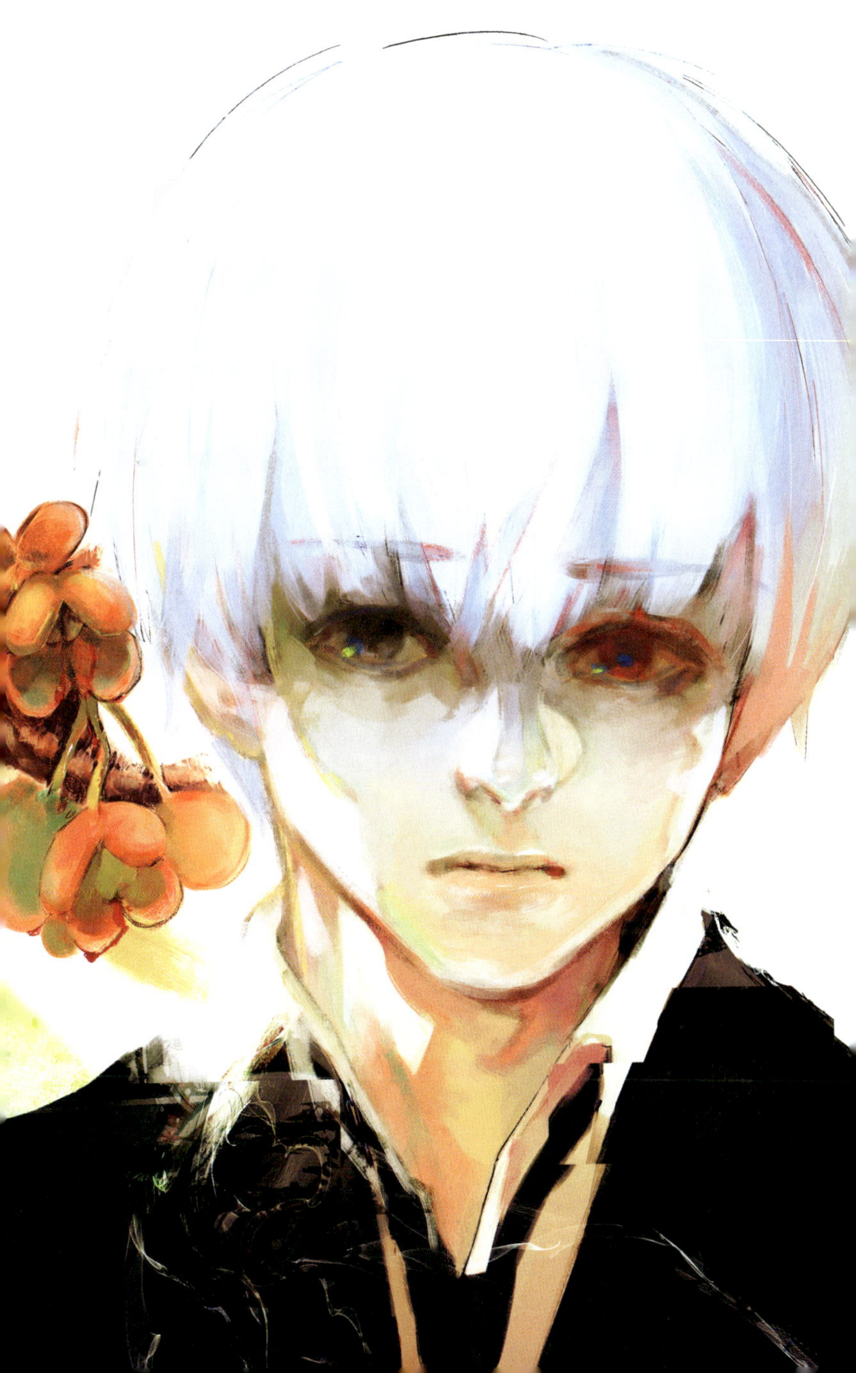

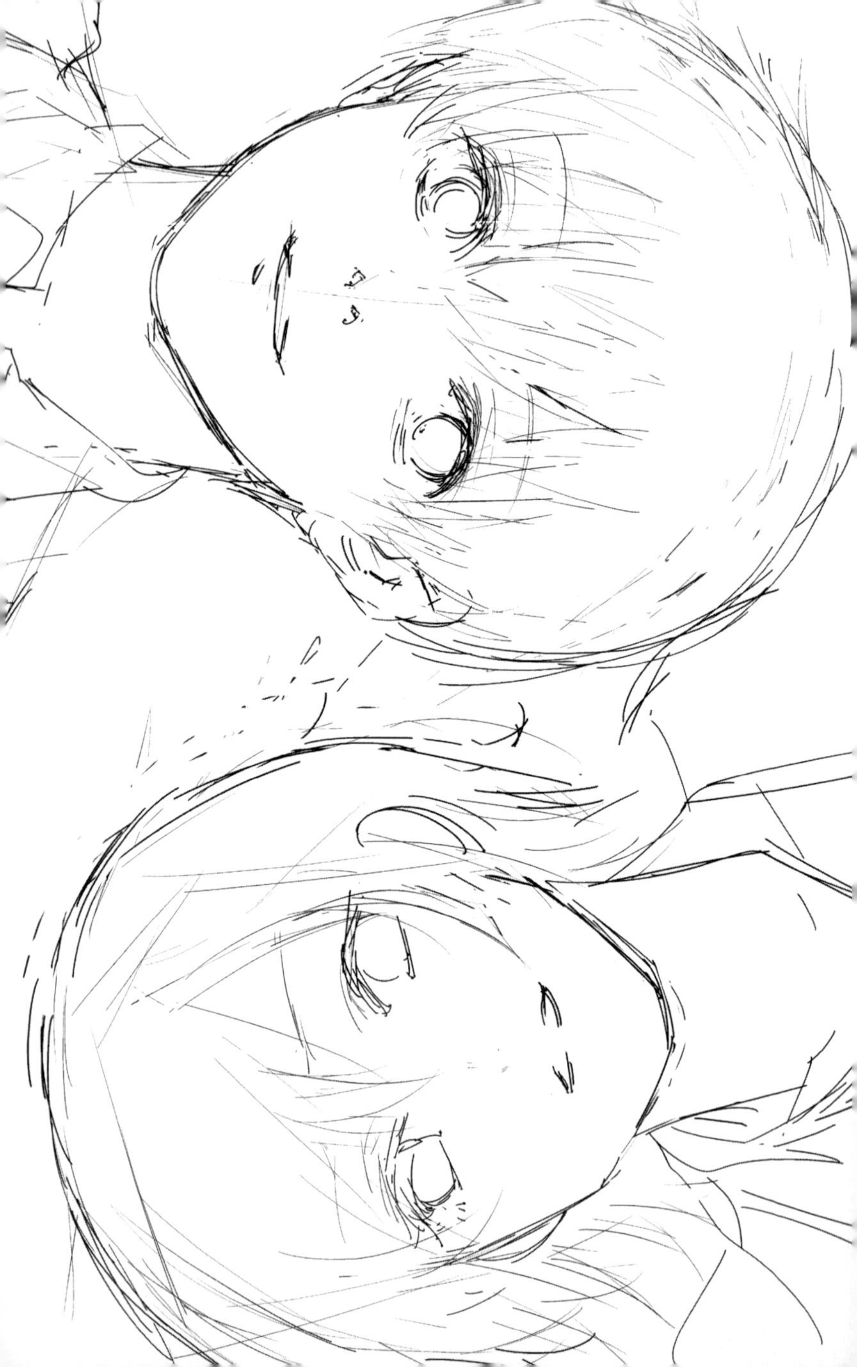

Ich zerbreche mir ständig den Kopf, was ich jetzt malen soll. Wenn es aber einmal fertig ist, verliere ich schnell mein Interesse daran. Ich schaue mir selten an, was ich früher gemalt habe.

Jetzt, wo ich auf die Bilder der letzten drei Jahre zurückblicke, entdecke ich vieles neu.

Manche sind gelungen, manche sind nicht so gut, trotz der vielen Arbeit. Manche waren einfach schlecht, ab und an habe ich was Neues probiert, viel Energie in Projekte gesteckt oder unter Zeitdruck schnell etwas fertigstellen müssen.

Je nach meiner Motivation, Fähigkeit und der Zeit, die ich hatte, sehen die Bilder immer anders aus. Es ist interessant zu erkennen, unter welchen Bedingungen ich damals gemalt habe.

Ich würde mich sehr freuen, wenn meine Leserinnen und Leser diese Bilder inklusive ihrer Hintergrundgeschichten geniessen können.

25. September 2014, Sui Ishida

First published in Japan in 2014 by SHUEISHA Inc., Tokyo.
German translation rights in Germany, Austria,
German–speaking Switzerland and Luxembourg
arranged by SHUEISHA Inc.

Deutschsprachige Ausgabe / German Edition

CH-1007 Lausanne
3. Auflage

Aus dem Japanischen von Yuko Keller

Redaktion: Patrick Peltsch

Produktion: Sandra Michalski

Lettering: Studio CHARON

Druck und Bindung: GGP Media GmbH, Pößneck

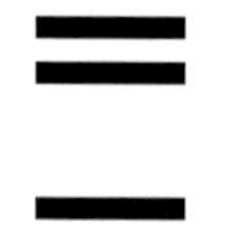

ISBN 978-2-88921-443-3

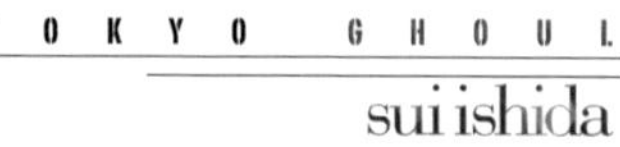